Manifesto contrassexual

Paul B. Preciado

Manifesto contrassexual

Práticas subversivas de identidade sexual

Tradução:
Maria Paula Gurgel Ribeiro

3ª reimpressão

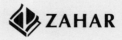

Copyright © 2004 by Paul B. Preciado
Publicado mediante acordo com Casanovas & Lynch Literary Agency S.L.

Introdução traduzida por Denise Bottmann.

Grafia atualizada segundo o Acordo Ortográfico da Língua Portuguesa de 1990, que entrou em vigor no Brasil em 2009.

Título original
Manifiesto contrasexual

Capa
Celso Longo + Daniel Trench

Imagem de capa
Máscara 5, 2019, de Lia Chaia. MDF e chapa de compensado, tinta esmalte, fita de camurça, paetês e metal, 38 × 29 × 3,5 cm. Reprodução de Edouard Fraipont

Preparação
Diogo Henriques

Revisão
Camila Saraiva
Luís Eduardo Gonçalves

Dados Internacionais de Catalogação na Publicação (CIP)
(Câmara Brasileira do Livro, SP, Brasil)

Preciado, Paul B.
    Manifesto contrassexual : Práticas subversivas de identidade sexual / Paul B. Preciado ; tradução Maria Paula Gurgel Ribeiro. — 1ª ed. — Rio de Janeiro : Zahar, 2022.

    Título original: Manifiesto contrasexual.
    Bibliografia.
    ISBN 978-65-5979-075-3

    1. Identidade de gênero 2. Sexualidade – Filosofia I. Título.

22-109466   CDD: 306.768

Índice para catálogo sistemático:
1. Identidade de gênero : Sociologia   306.768

Cibele Maria Dias – Bibliotecária – CRB-8/9427

Todos os direitos desta edição reservados à
EDITORA SCHWARCZ S.A.
Praça Floriano, 19, sala 3001 — Cinelândia
20031-050 — Rio de Janeiro — RJ
Telefone: (21) 3993-7510
www.companhiadasletras.com.br
www.blogdacompanhia.com.br
facebook.com/editorazahar
instagram.com/editorazahar
twitter.com/editorazahar

À Monique Wittig, Arizona
À petit Q, Las Vegas
Em memória de Nathalie Magnan

Sumário

Introdução   9

O que é a contrassexualidade?   29

Princípios da sociedade contrassexual   45

Contrato contrassexual (modelo)   55

Práticas de inversão contrassexual   57

Dildotectônica   59

Dildotopia   61

PRÁTICA I. O ânus solar de Ron Athey: Iteração de um dildo sobre sapatos com salto agulha, seguido de autopenetração anal   63

PRÁTICA II. Masturbar um braço: Iteração de um dildo sobre um antebraço   67

PRÁTICA III. Como fazer um dildo-cabeça gozar: Iteração de um dildo sobre uma cabeça   71

Teorias   75

A lógica do dildo, ou as tesouras de Derrida   77

Breve genealogia dos brinquedos sexuais ou de como Butler descobriu o vibrador   95

Money *makes sex*, ou a industrialização dos sexos 125

Tecnologias do sexo 147

Exercício de leitura contrassexual 169

Da filosofia como modo superior de dar o cu: Deleuze e a "homossexualidade molecular" 171

Anexos 191

Dildo 193

Prótese, *mon amour* 197

Nota do autor 209

Agradecimentos 211

Notas 213

Bibliografia 225

Introdução

> Por certo corre-se o perigo, prolongando a pesquisa gelada das ciências, de chegar ao ponto em que seu objeto não mais provoca indiferença, em que ele, ao contrário, é aquilo que abrasa. Com efeito, a ebulição que tenho em vista, a ebulição que anima o globo, é também minha ebulição. Assim, esse objeto de minha pesquisa não pode ser distinguido do próprio sujeito, mas devo ser mais preciso: *do sujeito em seu ponto de ebulição*.[1]
>
> Georges Bataille, A parte maldita

O manuscrito de *Os 120 dias de Sodoma* é um rolo de papel com doze metros de comprimento, composto de pequenos pedaços de papel colados, escrito na frente e no verso em tinta preta. Sade o escreveu em 37 noites, numa escuridão quase total e com a letra mais miúda possível, durante o período em que esteve preso na Bastilha, em 1785, escondendo-o dentro de um dildo oco de madeira, para que os carcereiros não o encontrassem. Qualquer coisa escrita por Sade era confiscada e podia justificar imediatamente novas acusações. Sade declarou que passava o tempo lendo, escrevendo, comendo e se masturbando — mais de seis vezes por dia, segundo ele. Foi para essas masturbações que pediu à esposa, Renée-Pélagie, que lhe fizesse um dildo de madeira para a penetração anal. Escondido dentro de um dos muros de pedra da prisão, o dildo protegeu o manuscrito do saque à Bastilha, sendo por fim recuperado por Arnoux de Saint-Maximin e publicado pela primeira vez em 1904, mais de um século depois, por iniciativa do médico alemão Iwan Bloch, sob o pseudônimo de Eugène Dühren.

A lição que aprendemos com a sobrevivência do texto mais provocador de Sade não é apenas que os dildos ocos podem ser bons esconderijos secretos ou que qualquer dildo pode talvez conter um livro, mas também que um livro pode operar como um dildo, ao se tornar uma técnica para fabricar a sexualidade. Como um dildo, um livro é uma tecnologia cultural assistida de modificação do corpo sexual.

Nesse sentido, este livro também é um dildo. Um livro-dildo e um livro sobre dildos que pretende modificar o sujeito que o utilizar.

Na verdade, eu era outra pessoa quando escrevi este *Manifesto contrassexual*. Meu nome civil era Beatriz, eu supostamente era uma mulher, as pessoas me identificavam como uma lésbica queer e eu estava com 28 anos de idade. Este livro não foi escrito como um texto de estudo acadêmico. Foi uma experiência. Funcionou como uma técnica ficcional que me permitiu iniciar um processo de devir-outro ainda em curso. Na época, eu estava desenvolvendo uma tese de doutorado sobre a filosofia continental, sob a orientação de Jacques Derrida, na New School for Social Research. O tema da tese era a conversão de Santo Agostinho como um processo de transexualidade: quando se converteu, Agostinho passou de um desejo luxurioso e de uma intensa atividade sexual para um imperativo ético de castidade e renúncia sexual. Para mim, Agostinho era transexual: transitava de uma economia do desejo a outra, contribuindo para a invenção de uma nova sexualidade dominada pela introjeção teológica, pela deserotização do corpo e pela desgenitalização. Foi assim que comecei a pensar a plasticidade sexual como algo que ultrapassava a política de gênero da época, algo que implicava a fabricação de um outro regime de desejo.

Ao mesmo tempo, me movendo em parte pelo discurso da desconstrução que circulava no campo da arquitetura no final do século, mas também procurando uma bolsa de estudos melhor para terminar a minha tese, transferi meu excêntrico tema agostiniano da New School para a faculdade de arquitetura da Universidade de Princeton. O ingresso no mundo da arquitetura acarretou um adiamento radical de minha prática filosófica. Embora conhecesse as teorias construtivistas de gênero, eu nunca tinha refletido sobre a própria materialidade dos processos performativos da construção de gênero. "O que você quer realmente dizer quando fala em gênero?", os arquitetos me perguntavam, afirmando que a "questão" principal deles eram as tecnologias de construção. O que eu queria realmente dizer? Eu não sabia.

Então comecei a dar atenção à materialidade das tecnologias de gênero. Arquitetos e historiadores do design me ajudaram a ver os corpos e as sexualidades como efeitos específicos de técnicas construtivas e visuais, como enquadramento, colagem, reprodução, imitação, montagem, padronização, segmentação, distribuição espacial, recorte, reconstrução, transparência, opacidade e assim por diante. Se a arquitetura é uma tecnologia política para fabricar o espaço social, então os corpos também podem ser entendidos em termos arquitetônicos. Foi assim que comecei a ver os dildos e as técnicas médicas de reconstrução trans e intersexual como tecnologias de projeto, próteses e bioarquiteturas que poderiam se inscrever numa história mais abrangente da modificação tecnológica em nossos corpos materiais e em nossa percepção do tempo, do espaço e da realidade. Por fim, resolvi passar de Santo Agostinho para a minha própria vida e tentar pensar sobre os processos de conversão material e fabricação corporal que estavam ocorrendo dentro do movimento trans e queer com o qual eu estava vivendo.

Em primeiro lugar, aqui o leitor não encontrará desculpas nem legitimações. Pouco me importa se você considera minha sexualidade queer ou deficiente. Assumo a queeridade e a deficiência. Este livro inicia com a afirmação jubilosa e aparentemente anticientífica da multiplicidade irredutível dos sexos, dos gêneros e das sexualidades; não com uma conclamação à revolução, mas com a percepção de que nós *somos* a revolução que já está em curso.

Este manifesto é também uma resposta aos dilemas do essencialismo/construtivismo que paralisaram os discursos da filosofia, da teoria de gênero e da antropologia no século xx, além de uma reação à psicanálise normativa,[2] ao marxismo, às técnicas e discursos biológicos e à produção acadêmica dominante na área da filosofia.

Ao escrever este texto, eu quis evitar o caráter fechado do discurso acadêmico, embora empregando ainda algumas de suas ferramentas críticas para entender o que fora excluído dele. O discurso acadêmico e sua gramática não só parecem uma floresta que não nos permite ver as árvores individuais, mas vai além, obrigando o pesquisador a cortar as árvores para entender a floresta. Como proclama a lógica do dildo, este livro, em vez de cortar árvores, vidas, desejos e sexualidades, conclama a cuidar e proliferar, a conectar e multiplicar.

Faço parte de uma geração de filósofos e ativistas que cresceram sob a hegemonia crítica das teorias psicanalíticas sobre o entendimento da sexualidade. Pode-se dizer que as teorias feministas e queer do final do século acabaram por chegar a um acordo com a hipermasculinidade, a supremacia branca e o heterocentrismo das principais teorias psicanalíticas europeias da sexualidade. Seguindo os passos dados pelas teorias feministas e queer em sentido contrário às normas psicanalíticas, os textos e os exercícios incluídos neste manifesto podem ser entendidos como uma contraclínica das sexualidades queer e trans.

A psicanálise freudiana e lacaniana propunha entender o dildo como uma instância fálica, um objeto que permite preservar o fantasma do poder, ao mesmo tempo evitando o complexo de castração. Gilles Deleuze e Félix Guattari, contra Sigmund Freud e Jacques Lacan, entenderam a noção de complexo de castração como um dos "construtos ideológicos" da psicanálise. A experiência política e teórica elaborada pelos movimentos queer e trans nos últimos anos ampliou e radicalizou a proposta de *O anti-Édipo*.[3] A noção psicanalítica de castração depende de uma epistemologia heteronormativa e colonial do corpo, uma cartografia anatômica binária na qual há apenas dois corpos e dois sexos: o corpo e a subjetividade masculinos, definidos em relação ao pênis, um órgão genital (mais ou menos) saliente, e o corpo e a subjetividade femininos, definidos pela ausência do pênis. Essa dialética de ter ou não ter pênis é apresentada como um dilema entre duas possibilidades mutuamente excludentes. Fora desse binarismo, há apenas patologia e deficiência.

Este manifesto é a resposta raivosa e impertinente à castração heterocolonial da radical multiplicidade e das formas de produção de desejo e prazer do ser vivo. Vivemos num mundo onde o diagnóstico violento de gênero é uma prática legalizada em todos os hospitais modernos, impondo uma atribuição de gênero de acordo com o binarismo; num mundo onde, apesar da separação técnica entre heterossexualidade e reprodução possibilitada pela pílula, a heterossexualidade ainda é considerada a forma normal e natural da reprodução sexual; num mundo onde hormônios, próteses e cirurgias permitem uma experiência concreta de transição de gênero, mas onde a normalização de gênero constitui o requisito político para qualquer processo de reatribuição de gênero; num mundo onde já ocorrem experiências com a impressão tridimensional da pele e de órgãos, mas sempre dentro da estrutura de normas raciais e de gênero hegemônicas. E, no entanto, nós — intersexo, pessoas com deficiência, queer, trans, não brancos — existimos, falamos e agimos. Somos o anti-Édipo no regime fármaco-pornográfico. Nossos corpos e subjetividades podem não ter existência política ou anatômica, mas ainda assim vivemos no e contra o regime de sexo/gênero binário.

Assim, a castração não é apenas um dispositivo psicológico ou político-social do regime heteropatriarcal colonial. Desde os anos 1950, com a extensão dos protocolos de John Money à atribuição sexual, a castração se tornou uma das técnicas centrais empregadas pelo complexo industrial médico-farmacológico para definir o corpo. A castração é um conjunto de normas e procedimentos cirúrgicos e endocrinológicos que procuram remodelar e transformar a irredutível diversidade morfológica e sexual dos corpos no binarismo sexual (pênis/

ausência de pênis), sujeitando os bebês ditos intersexuais a operações mutiladoras a fim de produzir tecnicamente a diferença de gênero.

A narrativa psicanalítica dominante e sua economia genital binária podem ser entendidas como o dispositivo clínico que acompanha o regime colonial heteronormativo, definindo instâncias patológicas e procurando um tratamento normalizador da ansiedade e da dor psíquica geradas pela epistemologia da diferença sexual e por seu regime de poder-saber. A psicanálise e a farmacologia dominantes operam como câmaras terapêuticas nas quais a possibilidade de transformar a angústia e a dor psíquica produzidas pelo regime heterocolonial dominante em rebelião política é desativada e transformada num processo de identificação subjetiva: "Aceite que você é um homem ou uma mulher", "Assuma sua heterossexualidade ou sua homossexualidade". Goze e erotize a violência do regime binário.

Diante do impasse desses debates, recorri ao dildo como objeto contra-agostiniano de conversão anticastração que era meu e ao mesmo tempo estranho a mim. Esse artefato bastante banal e material parecia realizar uma conversão de minha sexualidade feminina e lésbica em algo diferente, algo intolerável e indizível, a ponto de precisar se manter clandestino. O dildo parecia igualmente incômodo a minha psicanalista lacaniana e a minhas amizades feministas. Elas o viam como o mau significante, um sintoma patológico de meu desejo não castrado de poder e a replicação de uma forma fálica e dominante de masculinidade. Como no caso de Sade na Bastilha, tanto a psicanálise quanto o feminismo pareciam me obrigar a escrever o discurso do dildo em letra miúda e a escondê-lo secretamente dentro do próprio dildo.

No entanto, minha experiência do dildo foi radicalmente diversa. Eu tinha interesse na gramática não identitária que ele introduz nos corpos e nas sexualidades. O dildo escapa à disjunção de ter e não ter: não faz parte da ontologia da essência nem da ordem da propriedade. É e não é um órgão que, embora pertença a alguém, não pode ser plenamente possuído. O dildo faz parte de uma economia da multiplicidade, da conexão, da partilha, da transferência e do uso. Recusa-se a ser inscrito no corpo para criar identidade ou completude orgânica. Mantém-se no lado da despossessão e do nomadismo.

Pondo-se do lado do dildo, este manifesto rompe com as três narrativas modernas do colonialismo heterocapitalista: o marxismo, a psicanálise e o darwinismo. Contra Marx, ele coloca a reprodução no centro da economia política; contra Freud, visa a descolonizar e reabilitar o "fetiche" como a tecnologia cultural que possibilita a fabricação de qualquer corpo sexual; contra Darwin, questiona o binarismo sexual como algo comum aos dois lados da fronteira animal/humano. A contrassexualidade é antiedípica e assintótica a narrativas sobre o progresso capitalista histórico, a salvação humana e a redenção planetária.

Além disso, a dildônica ressalta a irredutibilidade das sexualidades a teorias de gênero, que, embora tenham sido um grande avanço na emancipação política das mulheres, também contribuíram para eliminar o sexo e a sexualidade do gênero. O problema dos estudos de gênero é o modo como a própria sexualidade foi removida da discussão, numa tentativa de criticar a diferença sexual como ontologia universal. Este manifesto afirma que não se pode reduzir a sexualidade à diferença sexual nem à identidade de gênero. Aqui, a sexualidade é definida como uma estética política, embora às vezes inconsciente, do corpo e de seu prazer.

As sexualidades são como as línguas: sistemas complexos de comunicação e reprodução da vida, construtos históricos com genealogias e inscrições bioculturais em comum. E, tal como as línguas, podem ser aprendidas. É possível falar várias línguas. Como ocorre muitas vezes no monolinguismo, é-nos imposta na infância uma sexualidade, que assume o caráter de um desejo naturalizado. Somos formados no monolinguismo sexual. Ele é a língua que não conseguimos perceber como artefato social, que entendemos sem conseguir ouvir plenamente sua pronúncia e musicalidade. Ingressamos nessa sexualidade por meio das ações médicas e legais de atribuição de gênero, por meio da educação e do castigo, da leitura e da escrita, do consumo, imitação e repetição de imagens, da dor e do prazer. E, no entanto, poderíamos ter ingressado em qualquer outra sexualidade sob um regime diferente de saber, poder e desejo. Ainda assim, podemos aprender qualquer outra língua sexual com maior ou menor senso de distância e estranhamento, de alegria e apropriação. É possível aprender e inventar outras sexualidades, outros regimes de produção de desejo e prazer. Ao pensar a sexualidade como uma língua e uma estética, este manifesto conclama à superação do formalismo, do funcionalismo e do império da visão. A contrassexualidade é uma tentativa de se tornar estrangeiro à própria sexualidade e de se perder na tradução sexual.

O *Manifesto contrassexual* foi amplamente inspirado por debates e silêncios em torno da normalização da sexualidade que surgiram entre as comunidades feministas e queer no final do século passado. Este livro vem na linhagem de Michel

Foucault e Jacques Derrida, de Deleuze e Guattari, de Guy
Hocquenghem e Monique Wittig, de Donna Haraway e Judith
Butler, de Ursula Le Guin e Alfred Jarry, de Marcel Duchamp
e Jack Halberstam, de Ann Halperin e Yvonne Rainer.

Minha intenção com ele foi estender à sexualidade as conclusões da política ciborgue que Haraway explorou no final dos anos 1980. O dildo, embora de tecnologia simples, é uma ferramenta epistêmica muito potente: está para o sexo e os sistemas heterocêntricos de representação dos órgãos genitais assim como o ciborgue está para a divisão entre natureza e cultura. Como o ciborgue, o dildo se situa no próprio extremo da tradição capitalista de dominação masculina e racista. Se o pênis (falo) é a encarnação orgânica dessa tradição hegemônica, o dildo é seu outro ciborgue. Embora fabricado de acordo com a lógica da representação e apropriação da natureza (às vezes imitando um pênis), o dildo, como o ciborgue, ultrapassa essa tradição, forçando-a até seus extremos por meio da paródia e do dissenso. A ontologia do dildo é pós-naturalista e pós-construtivista. A política do dildo é pós-identitária. Estando no próprio limite da vida e da morte, do orgânico e da máquina, a prótese introduz no sexo e na sexualidade não só a ontologia do devir e da despossessão, mas também a política do travestismo somático.

Realistas × contrassexualistas

Glenn Gould afirmava que existem dois tipos de músicos: os instrumentistas virtuoses, para os quais o piano (ou qualquer outro instrumento) se torna um fim em si e para si, e aqueles para os quais o instrumento é apenas a interface por meio da qual nossa materialidade sensorial encarnada acessa a esfera da música, inventando um som, criando uma melodia que não existia antes de ser tocada. Da mesma forma, podemos dizer que existem dois tipos de agentes sexuais: aqueles para os quais o objeto da atividade sexual é a repetição da partitura de sua identidade sexual (masculina ou feminina, heterossexual ou homossexual), segundo determinada definição das funções apropriadas dos órgãos e dos corpos (ereção, ejaculação, reprodução, orgasmo etc.), e aqueles para os quais o órgão (biológico ou sintético, vivo ou incorporado tecnossemioticamente) é apenas a interface por meio da qual acessam certas formas de prazer, ou afetos que não podem ser representados por diferença sexual, gênero ou identidade sexual. Aos primeiros chamaremos de "realistas" ou "genitalistas", "naturalistas" hétero/homossexuais, seguidores, conscientes ou não, da indústria do entretenimento dominante. E vamos nos referir aos segundos como "contrassexualistas".

O realismo sexual depende da automação sexual: promovida por sistemas médico-jurídicos e técnicas fármaco-pornográficas, a automação sexual é a tecnologia política para injetar o determinismo nos processos de reprodução social. Os realistas, hétero ou homo, fornicam dentro da linha de montagem do mundo biopênis/biovagina. O capitalismo sexocolonial automatiza a sexualidade, aumentando o trabalho (geralmente não remunerado) e a produtividade sexuais, mas também a produção de identidades sexuais convencionais, que se tornam objeto de governança política e econômica. Filósofos, psicólogos e sociólogos são, na maioria, realistas sexuais.

Contra a automação sexual, a dildônica é a sexualidade do sujeito pós-gênero e pós-sexualmente identificado. O verdadeiro objetivo das práticas contrassexuais não é o prazer físico (que sempre pode ser transformado em lucro) nem a produção de identidade, mas sim o gasto extravagante, a experimentação de afetos e a liberdade.

Impressão do sexo em 3-D

Não temos um corpo sobre o qual passamos a refletir mais tarde. Nós mesmos fazemos um corpo, adquirimos nosso próprio corpo — e pagamos um alto preço (político e afetivo) por ele. Nossos corpos e sexualidades são instituições coletivas que ao mesmo tempo habitamos e encenamos. As tecnologias sociais que produzem e legitimam essas instituições vivas estão mudando radicalmente.

Estamos vivendo um período histórico comparável apenas ao da transformação mundial ocorrida no século xv. Logo deixaremos de imprimir o livro para imprimir a carne, assim ingressando na nova era da bioescrita digital. Se a era de Gutenberg se caracterizou pelo processo de dessacralização da Bíblia, secularização do conhecimento e multiplicação das línguas vernáculas contra o latim, além da proliferação de línguas politicamente dissidentes, a era bio-Gutenberg 3-D trará a dessacralização da anatomia moderna como língua/código vivo dominante.

Logo poderemos imprimir nossos órgãos sexuais em 3-D com o auxílio de uma bioimpressora 3-D. A biotinta será fabricada com um agregado de células-mãe do corpo sobre o qual se implantará o órgão. O novo órgão será digitalmente projetado e impresso para posterior implante ou enxerto num corpo que o reconhecerá como seu. O processo de imprimir os chamados órgãos vitais, como rins e fígado, já está em fase de testes, embora os laboratórios experimentais de biotecnologia ainda não tenham discutido a impressão de órgãos sexuais. Eles dizem que é preciso estabelecer limites éticos. Mas estão se referindo à ética de quem? Por que podemos imprimir e implantar um rim, mas não um pênis, uma vagina ou um pau-boceta? A estética da diferença sexual deve ser considerada um limite ético para a transformação do corpo humano? As normas patriarcais e heterossexuais devem ser consideradas éticas? Gutenberg também foi perseguido ao afirmar, em 1451, que seria capaz de imprimir em poucas semanas 180 exemplares da Bíblia (supostamente a palavra de Deus), com 42 linhas de texto por página — coisa que somente monges autorizados podiam fazer, à mão, num processo que levava meses. Sabemos como usar uma bioimpressora 3-D, mas não sabemos usá-la livremente. A contrassexualidade afirma que é possível projetar e imprimir qualquer órgão sexual. Um órgão sexual não é um órgão morfológico predeterminado, identificado como pênis ou vagina, masculino ou feminino, conforme a estética da diferença sexual. Um órgão sexual é qualquer órgão (orgânico ou inorgânico) que tem a capacidade de canalizar a *potentia gaudendi* por um sistema nervoso, conectando um corpo vivo à sua exterioridade ou produzindo uma rede de corpos e máquinas.

O regime da hegemonia masculina e da diferença sexual (que ainda predomina em termos políticos, mas, no âmbito científico, encontra-se em crise pelo menos desde os anos 1950) está para o domínio da sexualidade assim como o monoteísmo religioso estava para o campo teológico ocidental. Assim como era impossível (ou melhor, sacrílego) para o Ocidente medieval contestar a palavra de Deus, hoje é impossível (ou melhor, antinatural) contestar o binarismo sexual e a estética morfológica da diferença sexual. Apesar disso, o binarismo sexual e a estética da diferença sexual são apenas categorias históricas, mapas cognitivos e políticos que enquadram e delimitam, normalizam e hierarquizam a forma proliferante de nosso desejo. A lógica do binarismo sexual, bem como a diferença entre homossexualidade e heterossexualidade, são efeitos da subjugação da potência caosmótica de cada corpo singular a um processo de industrialização da reprodução sexual. Os corpos são reconhecidos como humanos apenas na medida em que são potenciais produtores de óvulos ou espermatozoides a serem colocados dentro de uma cadeia de produção e reprodução da família fordista.

Precisamos liberar as forças produtivas do desejo do cativeiro capitalista heterossexual colonial. O desejo já é uma prótese mecânica que adotou certos órgãos como locais naturalizados de produção de uma mais-valia libidinal. Se o *operaísmo* afirma que a *mais-valia* — o valor acrescentado na produção e no desenvolvimento das potencialidades constituído pela apropriação do capital empregado — deriva basicamente da *cooperação social produtiva*, nós afirmamos que a mais-valia sexual deriva da cooperação sexual social, da produção coletiva do desejo. O único sexo interessante é o sexo estranho, isto é, o devir-outro de nosso sexo por meio do investimento de um desejo ainda desconhecido para nós enquanto sujeitos encarnados.

O malogro da esquerda reside em sua incapacidade de redefinir a soberania em termos que não sejam os do corpo ocidental, branco, biomasculino, patriarcal. O único caminho para a transformação global, hoje, é construir um *comunismo*

Introdução

somático planetário, um comunismo de (todos os) corpos vivos dentro e junto com a terra. Estando a distinção entre produção e reprodução (naturalizadas como masculina e feminina, respectivamente) no núcleo da divisão do trabalho dentro do capitalismo heterossexual colonial moderno, não é possível alcançar a nova organização política do trabalho sem uma nova organização política do sexo e da sexualidade. Isso significa que os órgãos sexuais tais como os conhecemos, relacionados com funções reprodutivas e coreografias heterossexuais normativas (penetrador, penetrada), têm de ser totalmente superados. Em primeiro lugar, é possível que as funções reprodutivas tenham de ser cortadas, extraídas e desterritorializadas dos bio-órgãos: a gestão de nossas células reprodutivas poderia ser decidida coletivamente, com diferentes cadeias de DNA tratadas como riqueza coletiva comum, resultante de milhões de anos de mutação, aprendizagem e transformação. A transformação completa da sexualidade demandaria uma transição institucional. Precisaremos acabar com as estruturas organizacionais tradicionais e naturalizadas do sexo como trabalho em famílias, casamentos e casais.

A transição do regime heterossexual disciplinar do século XIX para o regime fármaco-pornográfico efetuada nos anos 1950 pode ser descrita como o deslocamento da aplicação da automação, que passou da fábrica para o funcionamento de órgãos considerados sexuais e dos comportamentos (uma coreografia sexual com roteiro e desfechos produtivos predeterminados) para uma computadorização total do campo sexopolítico, por meio da Novartis, da Roche, da Pfizer, da Sanofi, do YouPorn, do Google, do Facebook e assim por diante. Passamos do sexo com corpos nas camas para o sexo com substâncias nas telas:

somos algoritmos e compostos químicos fornicando entre si. A tarefa de reapropriação micropolítica do corpo sexual não pode consistir em privar o corpo das biotecnologias e dos meios de comunicação. Somos entidades vivas midiáticas e biotecnológicas. Nossa tarefa, pelo contrário, implica produzir um curto-circuito no código, a fim de inventar novos órgãos e funções sexuais.

Contra a pauta reformista e integracionista jurídica dos movimentos identitários de lésbicas, gays, bissexuais e trans (LGBT), a contrassexualidade propõe uma nova configuração da relação entre desejo e corpo, entre tecnologia e consciência. Contra uma luta pelo reconhecimento e pela representação de identidades de acordo com os meios democráticos tradicionais (votação, mudança na legislação etc.), sugiro a experimentação radical de novas práticas de emancipação sexual e autogestão sexual coletivas.

Numa época fármaco-pornográfica, em que as forças somáticas foram capturadas por meio de tecnologias cibernéticas biomoleculares e audiovisuais, o prazer não pode mais ser a força emancipadora que Herbert Marcuse esperava. Em lugar disso, precisamos abrir um espaço revolucionário para a invenção de novos órgãos e desejos, para os quais ainda não foi definido nenhum prazer — novas subjetividades que não podem ser representadas por meio da política identitária.

Além disso, a tarefa de operar uma transição para a externalização das células reprodutivas e a transformação das instituições sexuais não pode ser delegada ao Estado, com seus comandos verticais não mais eficientes, nem a operações neoliberais, com sua rede horizontal em eterno crescimento. O objetivo é a completa "faça-você-mesmização" dos órgãos e subjetividades de todos os indivíduos. A revolução e a produção não podem ser planejadas, mas a mutação, como projeto aberto, permanece inexplorada.

A invenção de novos corpos só será possível com a montagem e hibridação de experiências nos limites daquilo que se costuma entender como identidade propriamente dita: órgãos, funções e corpos são remodelados no limiar entre homossexualidade e heterossexualidade, trans e bio, deficiência e suficiência, animal e humano, branquitude e não branquitude. Essas identidades (que nunca existiram e foram sempre e apenas pontos estabelecidos no regime de poder-saber patriarcal colonial) agora são obsoletas.

Todo trabalho sexual (remunerado ou não, dentro ou fora do casamento, reprodutivo ou não) é um trabalho cognitivo, porque depende de um sistema tecnossemiótico (que Freud chamava de "libido", e Deleuze e Guattari chamam de "desejo") sem o qual o corpo simplesmente não é sexual nem vivo. É preciso desenvolver o conjunto completo das possibilidades produtivas do desejo cognitivo a fim de propor um novo contrato sexual. Após sua desnaturalização, a sexualidade oferece um modelo aberto para pensar a relação entre uma singularidade e o comum. Qualquer sexualidade é uma montagem técnica entre vários corpos antes desconectados.

É na consideração de um leque indeterminado de línguas, estéticas, formas de conhecer e desejar, bem como na interação de tecnologia e sistemas vivos, que a dimensão da cooperação sexual adquire um papel central e pode revelar possibilidades políticas transformadoras fundamentais. Os órgãos, como plataformas materiais para a produção de prazer e como locais representacionais para a inscrição da identidade, podem e devem ser reprogramados e reformatados contra as coerções heteronormativas.

Essa posição decorre do entendimento de que a estrutura da sexualidade mudou dentro do regime fármaco-pornográfico. A opressão e a exploração não derivam mais da extração do excedente da *potentia gaudendi* de um corpo por outro corpo. A *potentia gaudendi* como *mais-valia* nunca é produto de um só órgão biológico (seja o pênis ou a vagina, o ponto G ou mesmo o cérebro), mas é sempre gerada por meio da *cooperação sexual*, porque a rede fármaco-pornográfica das tecnologias semiotécnicas, midiáticas e bioquímicas que constroem ativamente a sexualidade não pertence a ninguém em particular e nunca pode ser equiparada a um corpo só.

Não precisamos de pernas musculosas para avançar. Precisamos é pensar de outra maneira o movimento e a imobilidade, a ação e a passividade, a produtividade e a criação.

A poesia é a única política

Se este livro se intitula um manifesto, é porque o texto se baseia na convicção, presente nos movimentos críticos vanguardistas russos, europeus, americanos e africanos, de que é necessário pensar a política (nesse caso, a política da sexualidade e do corpo) com os instrumentos fornecidos pela imaginação artística. Um manifesto é um dildo hiperbólico, exuberante, político. Não há liberdade na política sem poesia. A segunda onda da teoria feminista e queer frisava a necessidade de transformar o regime epistemológico para ativar a emancipação de gênero, ao passo que agora parece evidente que é preciso transformar o regime de desejo para descolonizar o corpo sexual. O desejo não é uma verdade dada, mas um campo social fabricado que pode ser modificado com o uso das ferramentas da metáfora e da imaginação, da poesia e da experimentação somática.

A violência do regime sexual e colonial é grave demais, e precisamente por causa disso é necessário empregar contra ele as forças inconscientes e desconstrutivas da poesia. Aqui, temos de recorrer a tudo que os movimentos artísticos e das minorias nos ensinaram. Este manifesto é o dadaísmo aplicado à sexualidade, o feminismo conceitual aplicado à minimização da diferença de gênero e genitália, a pedagogia radical aplicada à desaprendizagem das disciplinas de identidade sexual e de gênero. Aqui, a arte performática e a teoria pós-estrutural devem ser entendidas como dildos, aparatos culturais de produção de afeto e imaginação que o texto utiliza para remover o realismo anatômico de sua posição central.

Inspirado pela energia autista e infantil que brota e resiste aos processos de disciplina e controle do corpo, do afeto e da sexualidade, este manifesto é uma tentativa teórica e poética de fazer o que se faz nas charges: desenhar uma porta na parede da opressão sexual e de gênero e escapar por ela. Essa porta se chama "comunismo somático".

Arles, França, 2018

O que é a contrassexualidade?

COMO SE APROXIMAR DO SEXO enquanto objeto de análise? Que dados históricos e sociais intervêm na produção do sexo? O que é o sexo? O que realmente fazemos quando transamos? As práticas sexuais da pessoa que escreve modificam sua obra? Se sim, de que maneira? Será que o pesquisador deve se entregar ao "serial fucking" quando trabalha sobre o sexo como tema filosófico ou, ao contrário, deve guardar distância com relação a tais atividades, por razões científicas? É possível escrever sobre a heterossexualidade sendo bicha ou sapatão?[1] E, inversamente, é possível escrever sobre a homossexualidade sendo hétero?

Como sempre, em filosofia é fácil recorrer a exemplos célebres, tirar partido de determinadas escolhas metodológicas ou, pelo menos, encobrir nossos erros apelando para a autoridade da tradição. É sabido que, quando Marx iniciou seu *Grundrisse*, tudo parecia conduzi-lo a começar sua análise econômica a partir da noção de população. Pois bem, ao pensar sobre a sexualidade eu me encontro hoje diante de um imperativo conceitual semelhante. Tudo parecia indicar que eu deveria enfrentar essa tarefa partindo de noções como gênero ou diferença sexual. Mas vejamos o que fez Marx: para grande surpresa dos filósofos e dos moralistas da época, ele centrou sua análise em torno da noção de "mais-valia", evitando assim os paradoxos das teorias precedentes. Tirando partido da estratégia de Marx, esta pesquisa sobre sexo toma como eixo temático a análise de algo que pode parecer marginal: um objeto de plástico que acompanha a vida sexual de certas pessoas queer, e que até agora havia sido considerado uma "simples prótese inventada como paliativo da incapacidade sexual das lésbicas". Estou falando do dildo.[2]

Robert Venturi havia intuído uma reviravolta conceitual semelhante quando disse que a arquitetura devia aprender com Las Vegas. Na filosofia, é tempo de aprender com o dildo.

Este, portanto, é um livro sobre dildos, sobre próteses e genitálias de plástico e sobre a plasticidade dos sexos e dos gêneros.

O que é a contrassexualidade?

A contrassexualidade não é a criação de uma nova natureza, pelo contrário, é mais o fim da natureza como ordem que legitima a sujeição de certos corpos a outros. A contrassexualidade é, em primeiro lugar, uma análise crítica da diferença de gênero e de sexo, produto do contrato social heterocêntrico, cujas performatividades normativas foram inscritas nos corpos como verdades biológicas.[3] Em segundo lugar, a contrassexualidade aponta para a substituição desse contrato social que denominamos natureza por um contrato contrassexual. No âmbito do contrato contrassexual, os corpos se reconhecem a si mesmos e aos outros corpos não como homens ou mulheres, mas como corpos vivos; reconhecem em si mesmos a possibilidade de aceder a todas as práticas significantes, assim como a todas as posições de enunciação, enquanto sujeitos, que a história determinou como masculinas, femininas ou perversas. Por conseguinte, renunciam não só a uma identidade sexual fechada e determinada naturalmente, como também aos benefícios que poderiam obter de uma naturalização dos efeitos sociais, econômicos e jurídicos de suas práticas significantes.

A nova sociedade adota o nome de sociedade contrassexual por pelo menos duas razões. Primeira, e de maneira negativa: a sociedade contrassexual se dedica à desconstrução sistemática da naturalização das práticas sexuais e do sistema de gênero. Segunda, e de maneira positiva: a sociedade contrassexual proclama a equivalência (e não a igualdade) de todos os corpos vivos-sujeitos falantes que se comprometem com os termos do contrato contrassexual dedicado à busca do prazer-saber.

O nome contrassexualidade provém indiretamente de Michel Foucault, para quem a forma mais eficaz de resistência à produção disciplinar da sexualidade em nossas sociedades liberais não é a luta contra a proibição (como aquela proposta pelos movimentos de liberação sexual antirrepressivos dos anos 1970), mas a contraprodutividade, isto é, a produção de formas de prazer-saber alternativas à sexualidade moderna. As práticas contrassexuais que aqui serão propostas devem ser compreendidas como tecnologias de resistência, isto é, como formas de contradisciplina sexual.

A contrassexualidade é também uma teoria do corpo que se situa fora das oposições homem/mulher, masculino/feminino, heterossexualidade/homossexualidade. Ela define a sexualidade como tecnologia, e considera que os diferentes elementos do sistema sexo/gênero[4] denominados "homem", "mulher", "homossexual", "heterossexual", "transexual", bem como suas práticas e identidades sexuais, não passam de máquinas, produtos, instrumentos, aparelhos, truques, próteses, redes, aplicações, programas, conexões, fluxos de energia e de informação, interrupções e interruptores, chaves, equipamentos, formatos, acidentes, detritos, mecanismos, usos, desvios...

A contrassexualidade afirma que no princípio era o dildo. O dildo antecede o pênis. É a origem do pênis. A contrassexualidade recorre à noção de "suplemento" tal como formulada por Jacques Derrida,[5] e identifica o dildo como o suplemento que produz aquilo que supostamente deve completar.

A contrassexualidade afirma que o desejo, a excitação sexual e o orgasmo não são nada além de produtos que dizem respeito a certa tecnologia sexual que identifica os órgãos reprodutivos como órgãos sexuais, em detrimento de uma sexualização do corpo em sua totalidade.

É hora de deixar de estudar e de descrever o sexo como parte da história natural das sociedades humanas. A "história da humanidade" se beneficiaria se fosse rebatizada como "história das tecnologias", sendo o sexo e o gênero dispositivos inscritos em um sistema tecnológico complexo. Essa "história das tecnologias" mostra que "a natureza humana" não é senão um efeito de negociação permanente das fronteiras entre humano e animal, corpo e máquina,[6] mas também entre órgão e plástico.

A contrassexualidade dispensa a determinação de um passado absoluto no qual se situaria uma heterotopia lésbica (amazônica ou não, preexistente ou não à diferença sexual, justificada por certa superioridade biológica ou política, ou mesmo como resultado de uma segregação dos sexos), que seria uma espécie de utopia radical feminista separatista. Não precisamos de uma origem pura da dominação masculina e heterossexual para justificar uma transformação radical dos sexos e dos gêneros. Não há razão histórica que poderia legitimar as mudanças em curso. A contrassexualidade "is the case". Essa contingência histórica é o material tanto da contrassexualidade como da desconstrução. A contrassexualidade não fala de um mundo por vir; ao contrário, lê as marcas daquilo que já é o fim do corpo, tal como este foi definido pela modernidade.

A contrassexualidade joga com duas temporalidades. A primeira, uma temporalidade lenta na qual as instituições sexuais parecem nunca ter sofrido mudanças. Nela, as tecnologias sexuais se apresentam como fixas. Tomam emprestado o nome de "ordem simbólica", de "universais transculturais" ou, simplesmente, de "natureza". Toda tentativa de modificá-las seria julgada como uma forma de "psicose coletiva", ou como um "apocalipse da humanidade". Esse plano de temporalidade fixa é o fundamento metafísico de toda tecnologia sexual. Todo o trabalho da contrassexualidade está dirigido contra, opera e intervém nesse âmbito temporal. Mas há também uma temporalidade do acontecimento na qual cada fato escapa à causalidade linear. Uma temporalidade fractal constituída de múltiplos "agoras", que não podem ser o simples efeito da verdade natural da identidade sexual ou de uma ordem simbólica. Tal é o campo efetivo em que a contrassexualidade incorpora as tecnologias sexuais, ao intervir diretamente sobre os corpos, as identidades e as práticas sexuais que destes derivam.

A contrassexualidade tem por objeto de estudo as transformações tecnológicas dos corpos sexuados e *generizados*. Ela não rejeita a hipótese das construções sociais ou psicológicas de gênero, mas as ressitua como mecanismos, estratégias e usos em um sistema tecnológico mais amplo. A contrassexualidade se inscreve na genealogia das análises da heterossexualidade como regime político de Monique Wittig, na pesquisa dos dispositivos sexuais modernos conduzida por Foucault, nas análises da identidade performativa de Judith Butler e na política do ciborgue de Donna Haraway. A contrassexualidade supõe que o sexo e a sexualidade (e não somente o gênero) devem ser compreendidos como tecnologias sociopolíticas complexas; que é necessário estabelecer conexões políticas e teóricas entre o estudo dos dispositivos e dos artefatos sexuais (tratados até aqui como anedotas de pouco interesse dentro da história das tecnologias modernas) e os estudos sociopolíticos do sistema sexo/gênero.

Com a vontade de desnaturalizar e desmitificar as noções tradicionais de sexo e de gênero, a contrassexualidade tem como tarefa prioritária o estudo dos instrumentos e dos dispositivos sexuais e, portanto, das relações de sexo e de gênero que se estabelecem entre o corpo e a máquina.

Do sexo como tecnologia biopolítica

O sexo, como órgão e prática, não é nem um lugar biológico preciso nem uma pulsão natural. O sexo é uma tecnologia de dominação heterossocial que reduz o corpo a zonas erógenas em função de uma distribuição assimétrica de poder entre os gêneros (feminino/masculino), fazendo coincidir certos afetos com determinados órgãos, certas sensações com determinadas reações anatômicas.

A natureza humana é um efeito da tecnologia social que reproduz nos corpos, nos espaços e nos discursos a equação natureza = heterossexualidade. O sistema heterossexual é um dispositivo social de produção de feminilidade e masculinidade que opera por divisão e fragmentação do corpo: recorta órgãos e gera zonas de alta intensidade sensitiva e motriz (visual, tátil, olfativa...) que depois identifica como centros naturais e anatômicos da diferença sexual.

Os papéis e as práticas sexuais, que naturalmente se atribuem aos gêneros masculino e feminino, são um conjunto arbitrário de regulações inscritas nos corpos que asseguram a exploração material de um sexo sobre o outro.[7] A diferença sexual é uma heterodivisão do corpo na qual a simetria não é possível. O processo de criação da diferença sexual é uma operação tecnológica de redução que consiste em extrair determinadas partes da totalidade do corpo e isolá-las para fazer delas significantes sexuais. Os homens e as mulheres são construções metonímicas do sistema heterossexual de produção e de reprodução que autorizam a sujeição das mulheres como força de trabalho sexual e como meio de reprodução. Essa exploração é estrutural, e os benefícios sexuais que os homens e as mulheres heterossexuais extraem dela obrigam a reduzir a superfície erótica aos órgãos sexuais reprodutivos e a privilegiar o pênis como o único centro mecânico de produção de impulso sexual.

O sistema sexo/gênero é um sistema de bioescritura. O corpo é um texto socialmente construído, um arquivo orgânico da história da humanidade como história da produção--reprodução sexual, na qual certos códigos se naturalizam, outros são omitidos e outros ainda são sistematicamente eliminados ou riscados. A (hetero)sexualidade, longe de surgir espontaneamente de cada corpo recém-nascido, deve se reinscrever ou se reinstruir através de operações constantes de repetição e recitação dos códigos (masculino e feminino) socialmente investidos como naturais.[8]

A contrassexualidade tem como tarefa identificar os espaços errôneos, as falhas da estrutura do texto (corpos intersexuais, corpos transgêneros e transexuais, viadinhos, caminhoneiras, bichas, sapatões, *butches*, histéricas, fogosas ou frígidas, deficientes sexuais e doentes mentais, hermafrossapatões etc.), e reforçar o poder dos desvios e derivações com relação ao sistema heterocêntrico.

Quando a contrassexualidade fala do sistema sexo/gênero como um sistema de bioescritura, ou dos corpos como biotextos, não propõe, com isso, intervenções políticas abstratas que se reduziriam a variações de linguagem. Aqueles que de sua torre de marfim literária reclamam aos berros da utilização da barra nos pronomes pessoais, ou pregam a erradicação das marcas de gênero nos substantivos e nos adjetivos, reduzem a textualidade e a escritura a seus resíduos linguísticos, esquecendo as tecnologias de bioinscrição que as tornaram possíveis.

A questão não reside em privilegiar uma marca (feminina ou neutra) para levar a cabo uma discriminação positiva, nem em inventar um novo pronome capaz de escapar da dominação masculina e designar uma posição de enunciação inocente, uma origem nova e pura para a razão, um ponto de partida do qual poderia surgir uma voz política imaculada.

O que é preciso fazer é sacudir as tecnologias da bioescritura do sexo e do gênero, assim como suas instituições. Não se trata de substituir certos termos por outros. Não se trata nem mesmo de se desfazer das marcas de gênero ou das referências à heterossexualidade, mas de modificar as posições de enunciação. Derrida já o havia previsto em sua leitura dos enunciados performativos segundo Austin.[9] Mais tarde, Judith Butler utilizará essa noção de performatividade para entender os atos de fala nos quais sapatões, bichas e transexuais viram do avesso a linguagem hegemônica, apropriando-se de sua força performativa. Butler chamará de "performatividade queer" a força política da citação descontextualizada de um insulto homofóbico e da inversão das posições de enunciação hegemônicas que este provoca. Dessa maneira, por exemplo, *sapatão* deixa de ser um insulto pronunciado pelos sujeitos heterossexuais para marcar as lésbicas como "abjetas" e se transforma em uma autodenominação contestadora e produtiva de um grupo de "corpos abjetos" que, pela primeira vez, tomam a palavra e reclamam sua própria identidade.

A tecnologia bionecropolítica heteronormativa (esse conjunto de instituições tanto linguísticas como médicas ou domésticas que produzem constantemente corpos-homem e corpos-mulher) pode ser caracterizada como uma máquina de produção ontológica que funciona mediante a invocação performativa do sujeito como corpo sexuado. As elaborações da teoria queer conduzidas durante a década de 1990 por Judith Butler ou por Eve K. Sedgwick evidenciaram que as expressões aparentemente descritivas "é menina" ou "é menino", pronunciadas na ocasião do nascimento (ou no momento da visualização do feto na ultrassonografia), não passam de invocações performativas, mais parecidas com expressões contratuais pronunciadas em rituais sociais — tais como o "sim, aceito" do casamento — do que com enunciados descritivos — tais como "este corpo tem duas pernas, dois braços e um rabo". Esses performativos do gênero são fragmentos de linguagem carregados historicamente do poder de investir um corpo como masculino ou como feminino, bem como de sancionar os corpos que ameaçam a coerência do sistema sexo/gênero até o ponto de submetê-los a processos cirúrgicos de "cosmética sexual" (diminuição do clitóris, aumento do pênis, fabricação de seios de silicone, refeminilização hormonal do rosto etc.).

A identidade sexual não é a expressão instintiva da verdade pré-discursiva da carne, e sim um efeito de reinscrição das práticas de gênero no corpo.[10] O problema do chamado feminismo construtivista é ter feito do corpo-sexo uma matéria disforme à qual o gênero viria a dar forma e significado dependendo da cultura ou do momento histórico.

O gênero não é simplesmente performativo (isto é, um efeito das práticas culturais linguístico-discursivas), como desejaria Judith Butler. O gênero é, antes de tudo, prostético, ou seja, não se dá senão na materialidade dos corpos. É puramente construído e ao mesmo tempo inteiramente orgânico. Foge das falsas dicotomias metafísicas entre corpo e alma, forma e matéria. O gênero se parece com o dildo. Ambos, afinal, vão além da imitação. Sua plasticidade carnal desestabiliza a distinção entre o imitado e o imitador, entre a verdade e a representação da verdade, entre a referência e o referente, entre a natureza e o artifício, entre os órgãos sexuais e as práticas do sexo. O gênero poderia resultar em uma tecnologia sofisticada que fabrica corpos sexuais.

É esse mecanismo de produção genital-prostético que confere aos gêneros feminino e masculino seu caráter sexual-real-

-natural. Mas, como em toda máquina, a falha é constitutiva da máquina heterossexual. Dado que aquilo que se invoca como "real masculino" e "real feminino" não existe, toda aproximação imperfeita deve se renaturalizar em benefício do sistema, e todo acidente sistemático (homossexualidade, bissexualidade, transexualidade...) deve operar como a exceção perversa que confirma a regra da natureza.

A identidade homossexual, por exemplo, é um acidente sistemático produzido pela maquinaria heterossexual, e estigmatizada como antinatural, anormal e abjeta em benefício da estabilidade das práticas de produção do natural. Essa maquinaria genital-prostética é relativamente recente e, de fato, contemporânea da invenção da máquina capitalista e da produção industrial do objeto. Em 1868, pela primeira vez, as instituições médico-legais identificaram esse acidente *"contranatura"* como estruturalmente ameaçador para a estabilidade do sistema de produção dos sexos, opondo a perversão (que nesse momento inclui todas as formas não reprodutivas da sexualidade, do fetichismo ao lesbianismo, passando pelo sexo oral) à normalidade heterossexual. Durante os últimos dois séculos, a identidade homossexual se constituiu graças aos deslocamentos, às interrupções e às perversões dos eixos mecânicos performativos de repetição que produzem a identidade heterossexual, revelando o caráter construído e prostético dos sexos. Mesmo porque a heterossexualidade é uma tecnologia social e não uma origem natural fundadora. É possível inverter e derivar (modificar o curso, mudar, submeter à deriva) suas práticas de produção da identidade sexual. A bicha, a travesti, a drag queen, a lésbica, a sapatão, a caminhoneira, a *butch*, a bofinho, as transgênero, os F2M e as M2F[11] são "brincadeiras ontológicas",[12] imposturas orgânicas, mutações prostéticas, recitações subversivas de um código sexual transcendental falso.

É nesse espaço de paródia e transformação plástica que aparecem as primeiras práticas contrassexuais como possibilidades de uma deriva radical com relação ao sistema sexo/gênero dominante: a utilização de dildos, a erotização do ânus e o estabelecimento de relações contratuais BDSM (*bondage*/disciplina/sadomasoquismo), para citar ao menos três momentos de mutação pós-humana do sexo.

Os órgãos sexuais não existem em si. Os órgãos que reconhecemos como naturalmente sexuais já são o produto de uma tecnologia sofisticada que prescreve o contexto em que os órgãos adquirem sua significação (relações sexuais) e são usados com propriedade, de acordo com a sua "natureza" (relações heterossexuais). Os contextos sexuais se estabelecem por meio de delimitações espaço-temporais oblíquas. A arquitetura é política. Anatomia é cartografia política. Arquitetura e anatomia organizam as práticas e as qualificam: públicas ou privadas, institucionais ou domésticas, sociais ou íntimas.

Voltamos a encontrar essa gestão do espaço em nível corporal. A exclusão de certas relações entre gêneros e sexos e a designação de certas partes do corpo como não sexuais (mais particularmente o ânus; como mostraram Deleuze e Guattari, "o primeiro órgão a ser privatizado, colocado fora do campo social")[13] são as operações básicas da fixação que naturaliza as práticas que reconhecemos como sexuais. A arquitetura do corpo é política.

A prática do *fist-fucking* (penetração do ânus com o punho), que observou um desenvolvimento sistemático no seio da comunidade gay e lésbica a partir dos anos 1970, deve ser considerada um exemplo de alta tecnologia contrassexual. Os trabalhadores do ânus são os novos proletários de uma possível revolução contrassexual.

O ânus apresenta três características fundamentais que o transformam no centro transitório de um trabalho de desconstrução contrassexual: 1) é o centro erógeno universal situado além dos limites anatômicos impostos pela diferença sexual, onde os papéis e os registros aparecem como universalmente reversíveis (quem não tem um ânus?); 2) é uma zona primordial de passividade, um centro produtor de excitação e de prazer que não figura na lista de pontos prescritos como orgásticos; 3) constitui um espaço de trabalho tecnológico: é uma fábrica de reelaboração do corpo contrassexual pós-humano. O trabalho do ânus não é destinado à reprodução nem está baseado numa relação romântica. Ele gera benefícios que não podem ser medidos dentro de uma economia heterocêntrica. Pelo ânus, o sistema tradicional da representação sexo/gênero *vai à merda*.

A reconquista do ânus como centro contrassexual de prazer tem pontos comuns com a lógica do dildo: cada lugar do corpo é não somente um plano potencial no qual o dildo pode se deslocar, mas também um orifício-entrada, um ponto de fuga, um centro de descarga, um eixo virtual de ação-paixão.

As práticas BDSM, assim como a criação de pactos contratuais que regulam os papéis de submissão e dominação, tornaram evidentes as estruturas eróticas de poder subjacentes ao contrato que a heterossexualidade impôs como natural. Por exemplo, se o papel da mulher no lar, casada e submissa, reinterpreta-se constantemente no contrato BDSM, é porque o papel tradicional "mulher casada" supõe um grau extremo de submissão, uma escravidão em tempo integral e para a vida toda.

Parodiando os papéis de gênero naturalizados, a sociedade contrassexual se faz herdeira do saber prático das comunidades BDSM, e adota o contrato contrassexual temporal como forma privilegiada para estabelecer uma relação contrassexual.

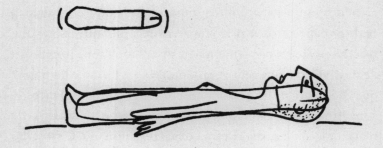

Princípios da sociedade contrassexual

Artigo 1

A sociedade contrassexual exige que se apaguem as denominações "masculino" e "feminino" correspondentes às categorias biológicas (homem/mulher, macho/fêmea) da carteira de identidade, assim como de todos os formulários administrativos e legais de caráter estatal. Os códigos da masculinidade e da feminilidade se transformam em registros abertos à disposição dos corpos vivos no âmbito de contratos consensuais temporários.

Artigo 2

Para evitar a reapropriação dos corpos como feminino ou masculino no sistema social, cada novo corpo (quer dizer, cada novo contratante) terá um contranome, um novo nome que escape às marcas de gênero, seja qual for a língua empregada. Em um primeiro momento, e com o fim de desestabilizar o sistema heterocêntrico, é possível escolher um nome do sexo oposto ou utilizar alternativamente um nome masculino e um nome feminino. Por exemplo, alguém que se chame Júlio utilizará o correspondente feminino Júlia, e vice-versa. Os José Maria poderão utilizar Maria José, e vice-versa.

Artigo 3

Após a invalidação do sistema de reprodução heterocêntrico, a sociedade contrassexual exige:

- A abolição do contrato matrimonial e de todos os seus equivalentes liberais, como o contrato de união estável, que perpetuam a naturalização dos papéis sexuais. Nenhum contrato sexual poderá ter o Estado como testemunha.
- A abolição dos privilégios sociais e econômicos derivados da condição masculina ou feminina — supostamente natural — dos corpos vivos no âmbito do regime heterocêntrico.
- A abolição dos sistemas de transmissão e do legado dos privilégios patrimoniais e econômicos adquiridos pelos corpos falantes, vivos no âmbito do sistema heterocêntrico.

Artigo 4

A ressignificação contrassexual do corpo passa a vigorar com a introdução gradual de determinadas políticas contrassexuais: primeiro, com a universalização das práticas estigmatizadas como abjetas no âmbito do heterocentrismo. Segundo, será necessário colocar em movimento equipes de pesquisa contrassexuais high-tech, de maneira que se possa encontrar e propor novas formas de sensibilidade e de afeto.

Uma série de práticas contrassexuais devem ser socialmente implantadas para que o sistema contrassexual tenha efeito:

- Ressexualizar o ânus (zona do corpo considerada suja e abjeta e excluída das práticas heterocêntricas) como centro contrassexual universal.

- Difundir, distribuir e colocar em circulação práticas subversivas de recitação dos códigos e das categorias de masculinidade e feminilidade naturalizadas no âmbito do sistema heterocêntrico. A centralidade do pênis, como eixo de significação de poder nesse sistema, requer um imenso trabalho de ressignificação e desconstrução. Por isso, durante o primeiro período de estabelecimento da sociedade contrassexual, o dildo e todas as suas variações sintáticas — tais como dedos, línguas, vibradores, pepinos, cenouras, braços, pernas, o corpo inteiro — e semânticas — tais como charutos, pistolas, cacetes, dólares — serão utilizados por todos os corpos ou sujeitos falantes no âmbito dos contratos contrassexuais fictícios, reversíveis e consensuais.
- Parodiar e simular de maneira sistemática os efeitos habitualmente associados ao orgasmo, para assim subverter e transformar uma reação natural construída ideologicamente. No regime heterocêntrico, a limitação e a redução das zonas sexuais são o resultado das definições disciplinares médicas e psicossexuais dos supostos órgãos sexuais, assim como da identificação do pênis e do suposto ponto G como centros orgásticos. Em todos esses pontos, a produção do prazer depende da excitação de uma única zona anatômica, facilmente localizável nos homens, mas de difícil acesso, eficácia variável e existência duvidosa nas mulheres.

O orgasmo, efeito paradigmático da produção-repressão heteronormativa que fragmenta o corpo e localiza o prazer, será sistematicamente parodiado graças a diversas disciplinas de simulação e repetições em série dos efeitos tradicionalmente associados ao prazer sexual (ver "Práticas de inversão contrassexuais"). A simulação do orgasmo equivale a uma negação das localizações espaço-temporais habituais do prazer. Essa disciplina contrassexual se desenvolve no sentido de uma transformação geral do corpo, similar às conversões somáticas, às práticas de meditação extrema, aos rituais propostos na *body art* e em determinadas tradições espirituais. Os trabalhos de Ron Athey, Annie Sprinkle e Beth Stephens, Fakir Musafar, Zhang Huan, José Pérez Ocaña, Roberto Jacoby, Hélio Oiticica, Bob Flanagan etc. constituem exemplos e antecipações dessa disciplina contrassexual.

Artigo 5

Toda relação contrassexual será o resultado de um contrato consensual assinado por todos os participantes. As relações sexuais sem contrato serão consideradas violações. Será solicitado que todo corpo falante explicite as ficções naturalizantes (casamento, encontros, romance, prostituição, traição, ciúmes...) que fundamentam suas práticas sexuais.

A relação contrassexual será válida e efetiva por um período de tempo limitado (contrato temporário) que nunca poderá corresponder à totalidade da vida dos corpos ou sujeitos falantes. A relação contrassexual se funda na equivalência e não na igualdade. Serão exigidas a reversibilidade e as trocas de papéis, de maneira que o contrato contrassexual nunca possa desembocar em relações de poder assimétricas e naturalizadas.

A sociedade contrassexual institui a obrigação de práticas contrassexuais, organizadas socialmente no seio de grupos livremente compostos e dos quais qualquer corpo pode participar. Cada corpo tem a possibilidade e o direito de contestar ou de pertencer a uma ou mais comunidades contrassexuais.

Artigo 6

A sociedade contrassexual declara e exige a separação absoluta das atividades sexuais e das atividades de reprodução. Nenhum contrato contrassexual conduzirá ao ato de reprodução. A reprodução será livremente escolhida pelos corpos suscetíveis de gravidez ou por corpos suscetíveis de doar esperma. Nenhum desses atos reprodutivos estabelecerá um laço de filiação parental "natural" entre os corpos reprodutores e o corpo recém-nascido. Todo corpo recém-nascido terá direito a uma educação contrassexual.

Os métodos contraceptivos e de prevenção de doenças serão distribuídos em todos os lugares, sendo obrigatórios para qualquer corpo falante em idade de participar da reprodução. O estabelecimento de unidades sexuais de pesquisa sobre prevenção de doenças e a distribuição gratuita e universal dos meios de prevenção são as condições necessárias para criar e desenvolver um sistema contrassexual de produção e reprodução.

Artigo 7

A contrassexualidade denuncia as atuais políticas psiquiátricas, médicas e jurídicas, bem como os procedimentos administrativos que se referem à mudança de sexo. A contrassexualidade denuncia a proibição de mudar de gênero (e nome), assim como a obrigação de toda mudança de gênero precisar ser acompanhada de uma mudança de sexo (hormonal ou cirúrgica). A contrassexualidade denuncia o controle atual das práticas transexuais pelas instituições públicas e privadas de caráter estatal heteronormativo, uma vez que estas impõem a mudança de sexo de acordo com modelos anatômico-políticos fixos de masculinidade e feminilidade. Nesse cenário, não há razão política que justifique que o Estado deva garantir uma mudança de sexo, visto que esta seria equivalente a uma cirurgia estética de nariz, por exemplo.

Na sociedade contrassexual, as operações de mudança de sexo constituirão uma espécie de cirurgia de utilidade pública, por livre escolha ou imposição. Essas operações não devem servir para que os corpos continuem a remeter à ideia de uma coerência masculina ou feminina. A contrassexualidade pretende ser uma tecnologia de produção de corpos não heterocêntricos. As equipes de pesquisa em tecnologia contrassexual estudam e promovem, entre outras, as seguintes intervenções:

- Exploração virtual das mudanças de gênero e de sexo graças a distintas formas de travestismo: *cross-dressing, internet drag*, ciberidentidade etc.
- Produção *in vitro* de um ciberclitóris para implantar em diferentes partes do corpo.
- Transformação de diferentes órgãos do corpo em dildo-enxertos.

Artigo 8

A contrassexualidade reivindica a compreensão do sexo e do gênero como cibertecnologias complexas do corpo. A contrassexualidade, tirando partido dos ensinamentos de Donna Haraway, apela a uma queerização urgente da "natureza". As substâncias chamadas "naturais" (testosterona, estrógeno, progesterona), os órgãos (as genitálias masculina e feminina) e as reações físicas (ereção, ejaculação, orgasmo etc.) devem ser considerados poderosas "metáforas políticas" cuja definição e controle não podem ser deixados nem nas mãos do Estado nem das instituições médicas e farmacêuticas heteronormativas.

A sofisticação da maior parte dos ramos da medicina terapêutica e da cibernética (xenotransplantes, próteses cibernéticas visuais e auditivas etc.) contrasta com o subdesenvolvimento das tecnologias que permitem modificar os órgãos (faloplastia, vaginoplastia...) e as práticas sexuais (tomemos, por exemplo, a escassa evolução dos preservativos nos últimos 2 mil anos). A meta das atuais biotecnologias é a estabilização das categorias heteronormativas de sexo e de gênero (indo da erradicação das anormalidades sexuais, consideradas monstruosidades no nascimento ou antes dele, às operações, no caso de pessoas transexuais). A testosterona, por exemplo, é a metáfora biossocial que autoriza a passagem de um corpo denominado feminino à masculinidade. É preciso considerar os hormônios sexuais como drogas político-sociais cujo acesso não deve ser custodiado pelas instituições estatais heteronormativas.

Artigo 9

O controle e a regulação do tempo são cruciais para a concepção e a melhoria das práticas contrassexuais. A sociedade contrassexual decreta que as atividades contrassexuais serão consideradas um trabalho social que será, ao mesmo tempo, um direito e uma obrigação para qualquer corpo vivo (ou sujeito falante), e que essas atividades serão praticadas regularmente por certo número de horas por dia (a determinar, de acordo com o contexto).

Artigo 10

A sociedade contrassexual exige a abolição da família nuclear como célula de produção, reprodução e consumo. A prática da sexualidade em casal (isto é, em discretos agrupamentos superiores a um e inferiores a três indivíduos de sexo diferente) está condicionada pelas finalidades reprodutivas e econômicas do sistema heterocêntrico. A subversão da normalização sexual, qualitativa (hétero) e quantitativa (dois) das relações corporais começará a funcionar, sistematicamente, graças às práticas de inversão contrassexuais, às práticas individuais e às práticas de grupo que serão ensinadas e promovidas mediante a distribuição gratuita de imagens e textos contrassexuais (cultura contrapornográfica).

Artigo 11

A sociedade contrassexual estabelecerá os princípios de uma arquitetura contrassexual. A concepção e a criação de espaços contrassexuais serão baseadas na renegociação e na desconstrução das fronteiras entre as esferas pública e privada. Essa tarefa implica desconstruir a casa como espaço privado de produção e reprodução heterocêntrica.

Artigo 12

A sociedade contrassexual promove a modificação das instituições educativas tradicionais e o desenvolvimento de uma pedagogia contrassexual high-tech com o fim de maximizar as superfícies eróticas, além de diversificar e melhorar as práticas contrassexuais. A sociedade contrassexual favorece o desenvolvimento do saber-prazer e das tecnologias dirigidas a uma transformação radical dos corpos e a uma interrupção da história da humanidade como naturalização da opressão (naturalização de classe, raça, sexo, gênero, espécie etc.).

Artigo 13

A sociedade contrassexual exige que todo ato de sexualidade seja considerado um trabalho em potencial e, portanto, que a prostituição seja reconhecida como uma forma legítima de trabalho sexual. A prostituição só poderá ser exercida quando houver um contrato livre e consensual no qual uma das partes se defina como compradora de trabalho sexual e a outra como vendedora. Todos os trabalhadores e trabalhadoras sexuais terão direito ao trabalho livre e igualitário, sem coação nem exploração, e deverão se beneficiar de todos os privilégios legais, médicos e econômicos de qualquer assalariado do mesmo território. A contrassexualidade busca gerar uma contraprodução de prazer e de saber no âmbito de um sistema de contraeconomia contrassexual. Por isso, a publicação de imagens e textos contrassexuais (contrapornografia) e a contraprostituição serão consideradas artes e disciplinas. Prevê-se a formação de centros universitários destinados à aprendizagem das diferentes disciplinas contrassexuais.

No âmbito da sociedade contrassexual, os corpos falantes se chamarão "pós-corpos", ou *wittigs*.

Contrato contrassexual (modelo)

EU, _____, voluntária e corporalmente, renuncio à minha condição natural de homem ☐ ou de mulher ☐, a todo privilégio (social, econômico, patrimonial) e a toda obrigação (social, econômica, reprodutiva) derivados de minha condição sexual no âmbito do sistema heterocêntrico naturalizado.

Reconheço-me e reconheço os outros como corpos vivos e aceito, de pleno consentimento, não manter relacionamentos sexuais naturalizantes nem estabelecer relações sexuais fora de contratos contrassexuais temporários e consensuais.

Reconheço-me como produtor de dildos e como transmissor e difusor de dildos sobre meu próprio corpo e sobre qualquer outro corpo que assine este contrato. Renuncio de antemão a todos os privilégios e a todas as obrigações que poderiam derivar das posições desiguais de poder geradas pela reutilização e reinscrição do dildo.

Reconheço-me como um ânus e como um trabalhador do cu.

Renuncio a todos os laços de filiação (maritais ou parentais) que me foram atribuídos pela sociedade etnocentrada, assim como aos privilégios e às obrigações que deles derivam.

Renuncio a todos os meus direitos de propriedade sobre meus fluxos seminais ou produções do meu útero. Reconheço meu direito de usar minhas células reprodutivas unicamente no âmbito de um contrato livre e consensual, e renuncio a todos os meus direitos de propriedade sobre o corpo vivo gerado por tal ato de reprodução.

O presente contrato é válido por ___ meses (renovável).

_____, ___ de _____ de ____

_____
Assinatura

Práticas de inversão contrassexual

Dildotectônica

Dildo = pênis de plástico
Tékton = construtor, gerador

A DILDOTECTÔNICA É A CONTRACIÊNCIA que estuda o surgimento, a formação e a utilização do dildo. Ela localiza as deformações que o dildo inflige ao sistema sexo/gênero. Fazer da dildotectônica um ramo prioritário da contrassexualidade supõe considerar o corpo como superfície, terreno de deslocamento e de localização do dildo. Em razão das definições médicas e psicológicas que naturalizam o corpo e o sexo (segundo as quais o dildo seria um simples "fetiche"), esta empreitada é com frequência difícil.

Do ponto de vista heterocêntrico, o termo *dildotectônica* pode designar qualquer descrição das deformações e das anormalidades detectáveis, à primeira vista, em um único corpo ou em vários corpos que transam com ou se utilizam de dildos.

A dildotectônica se propõe a identificar as tecnologias de resistência (que, por extensão, chamaremos de "dildos") e os momentos de ruptura da cadeia de produção corpo-prazer--benefício-corpo nas culturas sexuais hétero e queer.

É possível também generalizar a noção de "dildo" para reinterpretar a história da filosofia e da produção artística. Por exemplo, a escritura, tal como descrita por Jacques Derrida, não seria senão o dildo da metafísica da presença. Da mesma maneira, seguindo Walter Benjamin, poderíamos afirmar que um museu de réplicas de obras de arte teria um estatuto dildológico em relação à produção da obra de arte na era da reprodutibilidade técnica. Em último caso, toda filosofia pode retroagir a uma dildologia mais ou menos complexa.

Dildotopia

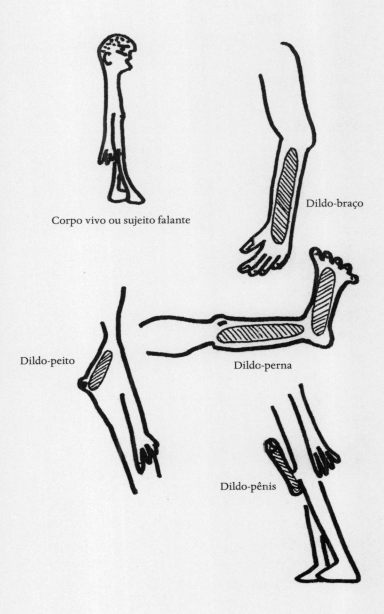

PRÁTICA I

O ânus solar de Ron Athey: Iteração[1] de um dildo sobre sapatos com salto agulha, seguido de autopenetração anal

LOS ANGELES, começo dos anos 1980. Ron Athey atuava em clubes noturnos. Sua performance intitulada *Quatro cenas de uma vida dura*, apresentada no Walker Art Center de Minneapolis, em 1994, será censurada em diversos centros artísticos, desencadeando um debate em escala internacional sobre os limites da performance e da *body art*. Em *Quatro cenas de uma vida dura*, Ron Athey brinca com sangue infectado de HIV; escarifica a própria pele e escarifica, de comum acordo, a pele de outra pessoa; fala abertamente da toxicomania e de sua condição de bicha soropositiva.

Paris, 21 de agosto de 1999. Ron Athey executa sua performance *O ânus solar* no Forum des Images. Essa performance excede tanto a *body art* quanto a sexualidade. É contrassexual. Nela, vemos primeiro um vídeo: a cena de um filme no qual se realiza uma tatuagem ao redor do cu de Athey. Ele está de quatro, o olho do cu aberto em direção à câmera. Uma mão, de luvas limpas, desenha e grava cuidadosamente um sol preto ao redor de seu ânus com a ajuda de uma máquina de tatuar. Depois, os olhos do público se voltam para o palco onde Ron Athey se prepara para subir em seu trono. Está nu. Uma tortura genital muito precisa, que consiste na injeção de um líquido atóxico (uma solução salina), deformou seu pênis e seus testículos. Sua genitália, que se destaca e balança entre as pernas, se assemelha mais a uma espécie de útero externo do que ao sexo masculino. Seu pênis está inchado sem que haja uma ereção. Está cheio, mas sem esperma. Em vez de ejacular, recebeu a ejaculação técnica e calculada da seringa. Seu sexo é contrassexual. Ele usa cinta-liga. Caminha sobre um salto agulha. Avança lentamente, como se a cada passo fosse cair. Dois dildos foram acoplados em seus saltos, como esporas. Ele os amarrou aos pés, como Pierre Molinier já havia feito antes em seu *Autorretrato com esporas de amor*. Os dildos pendem atrás de seus sapatos como órgãos flácidos e secundários.

Ele se prepara para a autodildagem. Sobe em seu trono: uma cadeira, híbrido de mesa de ginecologista, penteadeira e *sling* BDSM. Em primeiro lugar, maquia o rosto, introduzindo longas agulhas sob a pele que, em seguida, fixa com fios em sua coroa de espinhos. É a rainha que tem a cara esticada pela coroa de ouro. É a esposa cujo ânus virginal, aquecido por um sol preto, está disposto para uma noite de bodas solitária. De quatro, a rainha entrega seu ânus ao povo. Seus súditos esperam ser cobertos por uma onda de merda. Seu ânus dá: com a ajuda de uma vara, ele puxa de dentro dele o colar de pérolas brancas de Louise Brooks. Uma cadeia interminável de bolas de merda imaculadas e brilhantes. Seu ânus é bendição e dom. Quando o ânus está vazio, disposto a receber, o ritual de transar com o dildo começa. Athey imprime um vaivém em suas pernas. Os dildos pendem de seus calcanhares, brigam para penetrar seu ânus. *Dildus interruptus*. Sempre. Nenhum dos dois dildos

Prática I

possui totalmente seu ânus. Este não pertence a nenhum dos dois. O trio transa, ou melhor, não chega a transar. Masturbam-se. Não.

Princípio orientador: Esta prática foi planejada como a repetição, no espaço doméstico, da sequência da performance de Ron Athey, *O ânus solar*. É recomendada especialmente para maridos desocupados e solitários no lar, que tenham tendências transgênero ou homossexuais ainda inexploradas. Também é recomendada para *butches*, lésbicas com identificação masculina e mulheres heterossexuais com identificação masculina (com ou sem parceiro) passíveis de terem abandonado toda atividade sexual durante um período superior a seis meses.

Número de corpos participantes: 1.

Tecnologia: Translação contrassexual do dildo sobre sapatos com salto agulha, seguida de autodildagem.

Material: Um enema, um par de sapatos com salto agulha, dois dildos (um pequeno e duro, outro maior e macio), duas cordas, uma poltrona.

Duração total: 11 minutos.

O objetivo desta prática é aprender a trafegar com dildos recorrendo a uma tecnologia sexual similar à da *biocollage* ou à da gramatologia. O exercício consiste em reunir uma prática de *cross-dressing* ou travestismo (para homens ou mulheres com identificação masculina) e uma prática de autopenetração com dildos.

Descrição da prática: Dispa-se. Prepare um enema anal. Deite-se de lado e repouse nu durante dois minutos depois do enema.

Levante-se e repita em voz alta: dedico o prazer do meu ânus a todas as pessoas portadoras de HIV. Aqueles que já sejam portadores do vírus poderão dedicar o prazer de seus ânus a seu próprio ânus e à abertura dos ânus de seus entes queridos. Coloque um par de sapatos com salto agulha e amarre dois dildos aos tornozelos e aos sapatos. Prepare seu ânus para a penetração com um lubrificante adequado.

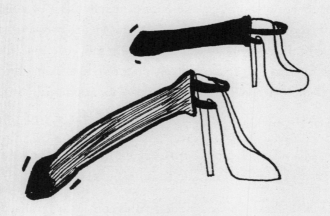

Deite-se em uma poltrona e tente dar o cu a cada dildo. Utilize a mão para que o dildo penetre seu ânus. Cada vez que o dildo sair de seu ânus, grite seu contranome copiosamente. Por exemplo: "Júlia, Júlia". Depois de sete minutos de autodildagem, emita um grito estridente para simular um orgasmo violento.

A duração total da prática deve ser controlada por um cronômetro que indicará, como um voyeur do tempo, o final do prazer e o apogeu orgástico. A simulação do orgasmo será mantida por dez segundos. Em seguida, a respiração se tornará mais lenta e profunda, as pernas e o ânus ficarão totalmente relaxados.

PRÁTICA II

Masturbar um braço: Iteração de um dildo sobre um antebraço

Princípio orientador: A lógica do dildo.

Número de corpos participantes: 1.

Tecnologia: Translação contrassexual do dildo em um antebraço, ou dildotectônica aplicada a um antebraço.

Material: Uma caneta hidrográfica vermelha.

Material opcional: Um violino (ou uma imitação de tal instrumento).

Duração total: 2 minutos e 30 segundos.

No âmbito do sistema capitalista heterocêntrico, o corpo funciona como uma prótese total a serviço da reprodução sexual e da produção de prazer genital. O corpo está organizado em torno de um único eixo semântico-sexual que deve ser excitado mecanicamente seguidas vezes. A atividade sexual assim entendida, seja heterossexual ou homossexual, é chata e mortífera. A meta dessa prática contrassexual consiste em aprender a subverter os órgãos sexuais e suas reações biopolíticas. Este exercício se baseia na redenominação de certas partes do corpo (neste caso, um antebraço) graças a uma operação iterativa que chamo de inversão-investidura.

Por inversão-investidura me refiro a uma operação iterativa prostético-textual que inverte o eixo semântico do sistema heterocêntrico. Inverter no sentido econômico do termo (que o coloca em andamento, que o força a produzir na espera de certo contrabenefício), e investir no sentido político do termo (que confere a autoridade de fazer algo, que está carregado de força performativa). Essa operação iterativa desloca a força performativa do código heterocêntrico para, finalmente, "inverter-investir", provocar uma *perversão*, uma reviravolta na produção habitual dos efeitos da atividade sexual.

Descrição da prática: Um corpo segura um violino entre a base da mandíbula e o ombro esquerdo. A mão esquerda se apoia nas cordas com precisão. A mão direita agita o arco com energia. O corpo dirige o olhar para o braço esquerdo como se tentasse seguir uma partitura sobre uma estante.

Sem mudar a posição do corpo, retire o violino (operação: dispensar o violino). A cabeça, já sem violino, repousa sobre o braço esquerdo. O lugar que antes era ocupado pelo objeto, assim como a relação que este estabelecia com o corpo, são sistematicamente substituídos por um dildo.

A operação de translação somática consiste em reiterar o dildo sobre o antebraço esquerdo, desenhando sua forma com a ajuda de uma caneta hidrográfica vermelha. Esta prática foi inspirada pelos métodos cirúrgicos empregados na faloplastia para a fabricação de um pênis a partir da pele e dos músculos do braço. Na realidade, a medicina contemporânea trabalha o corpo como uma paisagem aberta na qual um órgão pode dar lugar a qualquer outro. A julgar por esta plasticidade somática, cada corpo contém potencialmente pelo menos quatro pênis (dois nos braços, dois nas pernas) e indeterminadas vaginas (enquanto orifícios, podem ser artificialmente abertas por todo o corpo).

Em seguida, o olhar se dirige ao plano horizontal do braço onde se encontra o dildo. Pegue o dildo-braço com a mão direita e deslize-a de cima para baixo, intensificando a circulação do sangue até os dedos (operação: bater uma punheta num dildo-braço). A mão esquerda se abre e se fecha ritmicamente. O sangue circula de maneira cada vez mais intensa. O efeito é musical. A melodia é produzida pelo som da pele sendo esfregada. O corpo respira seguindo o ritmo da fricção.

Como na prática anterior, a duração total deve ser controlada com a ajuda de um cronômetro que indicará o final do prazer e o apogeu orgástico. A simulação do orgasmo será mantida durante dez segundos. Depois, a respiração se fará mais lenta e profunda, os braços e o pescoço ficarão totalmente relaxados.

PRÁTICA III

Como fazer um dildo-cabeça gozar: Iteração de um dildo sobre uma cabeça

Princípio orientador: A lógica do dildo.

Tecnologia: Translação contrassexual do dildo sobre uma cabeça ou dildotectônica aplicada a uma cabeça.

Número de corpos participantes: 3.

Material: Uma caneta hidrográfica vermelha, 75 ml de água colorida vermelha (não tóxica), uma máquina de cortar cabelo.

Duração total: 2 minutos e 5 segundos.

Descrição da prática: Três corpos assinam um contrato contrassexual cuja meta é conhecer e aperfeiçoar a prática da iteração do dildo sobre uma cabeça. A prática será realizada tantas vezes quantas julguem necessárias para que todos os corpos se coloquem pelo menos uma vez na posição de receptor.

Em primeiro lugar, dois dos corpos raspam a cabeça de um terceiro. A operação de translação somática é realizada através da iteração de um dildo sobre a superfície da cabeça raspada, desenhando-se um dildo na pele com uma caneta vermelha.

O corpo que está na posição de receptor tem 75 ml de água vermelha na boca. Permanece de pé entre os outros dois corpos. Estes esfregam o dildo-cabeça seguindo um ritmo regular, fazendo deslizar suas mãos de baixo para cima (operação: bater uma punheta em uma cabeça-dildo). A cada quarenta segundos, o dildo-cabeça cospe olhando para o céu. Os outros dois trabalhadores são abençoados por uma chuva púrpura.

Em dois minutos, terá cuspido três vezes. Logo depois da terceira cuspida, a cabeça-dildo soltará um grito estridente para simular um violento orgasmo.

Prática III

A prática, que começará a cada vez com a raspagem do cabelo (operação: cortar o cabelo), pode ser efetuada ao longo de vários dias. Durante esse período contratual, os três corpos participantes compartilham a condição de raspados, e a prática se inicia com a operação de citação do dildo sobre a cabeça de um ou de outro. Os corpos comprometidos no contrato aprenderão a dominar o exercício da iteração de um dildo sobre a cabeça por meio de uma série de exercícios, até se transformarem em especialistas na arte de provocar e simular orgasmos na cabeça.

Teorias

A lógica do dildo, ou as tesouras de Derrida

O QUE É UM DILDO: *um objeto, um órgão, um fetiche...? Devemos considerar o dildo como uma paródia irônica ou como uma imitação grosseira do pênis? Quando faz parte de certas práticas lésbicas butch/femme ou transgênero, devemos interpretar o dildo como uma reminiscência da ordem patriarcal? Ele é por acaso o sintoma de uma construção falocêntrica do sexo? O que dizer então dos dildos que não são "fálicos" (os que têm a forma de porco, de borboleta ou de sereia, ou os que simplesmente não são figurativos)? Feministas pró-censura como Andrea Dworkin e lésbicas radicais separatistas como Danielle Charest afirmam que toda lésbica que utiliza um dildo deve ser considerada uma mulher-macho, sendo o dildo uma imitação fálica que vem compensar uma inveja do pênis. Mas, nesse caso, como explicar que os homens gays utilizem dildos? É possível refutar a crença corriqueira, comum às feministas, de que a utilização do dildo supõe a imitação de um ato heterossexual?*

Onde se encontra o sexo de um corpo que usa um dildo? O dildo, em si, é um atributo feminino ou masculino? Onde transcorre o gozo quando se transa com um dildo? Quem goza? Quantos pênis tem um homem que usa um dildo? Se o dildo não é mais do que um "substituto artificial" do pênis, como explicar que os homens que já têm um pênis utilizem cintas penianas? Como continuar falando do dildo como "a reprodução de um pênis artificial que viria a preencher uma falta" quando se utilizam dois ou vários dildos? Podemos continuar tomando a imagem "natural" do corpo masculino como referência de imitação quando o dildo é colocado em outra parte do corpo (braço, antebraço, coxa), que não a região pélvica? Qual é a diferença estrutural entre um dildo e um vibrador? E entre um dildo e um chicote? E qual é a relação estrutural entre uma cinta peniana e um cinto de castidade? Dito de outra maneira, será que o dildo está ligado genealogicamente ao pênis através de uma lógica de imitação ou, na verdade, às tecnologias de repressão-produção de prazer do cinto de castidade e do vibrador clitoriano?

ALGUÉM, em um mundo sexual futuro, irá se lembrar dos anos 1990 como os anos do dildo. Em 1991, Del LaGrace, que na época havia começado um processo de transformação física hormonal, publica *Love Bites*, uma coleção de fotografias que certas livrarias feministas de Londres se negam a vender. Duas imagens em particular são censuradas: a fotografia de um homem gay chupando o dildo de uma sapatão e uma fotografia de penetração com dildo entre duas sapatões. Também na Inglaterra, Jennifer Saunders é acusada de violentar com um dildo meninas menores de idade, sendo julgada por isso com mais severidade do que qualquer homem cis por um ato de estupro. Enquanto isso, Susie Bright, aliás Susie Sexpert, começa pela primeira vez a dedicar uma crônica mensal ao dildo em sua coluna na revista gay e lésbica *The Advocate*. Pouco depois, as revistas *Outlook* e *On Our Backs* repercutirão esse debate.

No filme de Monika Treut, *A máquina virgem*, Dorothée vê o mundo através do dildo translúcido que lhe estende uma dançarina de striptease feminista pró-sexo de San Francisco. Em Paris, os dildos penetram a tela no festival de cinema lésbico "Quand les Lesbiennes se Font du Cinéma", causando um conflito geracional e político. Nos clubes lésbicos de Nova York, Los Angeles e Londres, Diane Torr dirige os primeiros espetáculos de *drag kings*, nos quais mulheres "biologicamente definidas" se passam por homens. Ao mesmo tempo, Annie Sprinkle organiza, junto com Jack Armstrong, um transexual F2M *pré-op*,[1] uma oficina intitulada "Drag King for a Day", em que mulheres heterossexuais e lésbicas aprendem a performar a masculinidade. Um dos desafios da oficina consiste em se familiarizar com a técnica de *packing*: construir um "pacote" enfiando meias na cueca e, caso a situação o exija, utilizando um dildo; tudo sem ser descoberta pelo parceiro sexual. Os resultados da oficina foram surpreendentes: as participantes confessaram nunca ter experimentado a cidade com tanta liberdade como quando se passaram por homens.

O dildo se tornou o espelho da Alice queer através do qual é possível ver as diferentes culturas sexuais. Ele atiça a crítica de um determinado discurso lésbico feminista; é relegado à categoria da panóplia sadomasoquista e *butch/femme*,[2] e interpretado, com frequência, como um signo lamentável, carregado de padrões patriarcais e falocêntricos na sexualidade lésbica. As defensoras da censura dos dildos nas cenas pornográficas lésbicas argumentam que ele reintroduz o poder fálico e machista na pornografia, e que não é senão a projeção de um desejo masculino, e inclusive feminino, na sexualidade lésbica. Objeto maldito, o dildo é a peça que faltava para resolver o enigma paranoico que o sexo lésbico representa dentro de um modelo sexual heterocêntrico. É como se ele permitisse responder às perguntas latentes: Como as lésbicas transam sem pênis? Como os F2M podem ser homens sem pênis?

A julgar pelas reações e controvérsias que a menor aparição do dildo suscita, podemos apostar que Elaine Creith se enganou ao afirmar que "os brinquedos sexuais são politicamente voláteis".[3] De fato, a marginalização e a invisibilidade do dildo são constantes e generalizadas: não há nenhuma análise sobre a presença do dildo nas práticas gays, nem informação completa e descritiva nas comunidades transexuais e BDSM; nos textos teóricos, há apenas timidez.

Na teoria queer americana e nas releituras perversas da psicanálise que ela fomentou, é preciso procurar as escassas análises do dildo nas discussões mais amplas sobre o "falo feminino", "a inveja do pênis", ou nos textos que tentam rearticular a noção freudiana de fetichismo com a de desejo feminino.

Teresa de Lauretis, por exemplo, critica o heterocentrismo que permite a Lacan jogar permanentemente com a ambiguidade falo/pênis (para Lacan, o pênis é um órgão genital que pertence aos corpos masculinos, enquanto o falo não é nem um órgão nem um objeto, mas um "significante privilegiado" que representa o poder e o próprio desejo, e confirma o acesso à ordem simbólica). Para a autora de *Pratica d'amore*, com Lacan se coloca a questão de ter ou não o falo a partir de uma perspectiva heterossexual (que a teoria e a prática psicanalíticas se empenham em encontrar ou em induzir nos sujeitos), na qual a diferença sexual homem/mulher e o ato de copular com vistas à reprodução são a norma.[4]

Nesse contexto, o dildo ocupa um lugar estratégico entre o falo e o pênis. Ele atua como um filtro e denuncia a pretensão do pênis de se fazer passar pelo falo. Tais são, em todo caso, as conclusões que Teresa de Lauretis extrai do clássico filme de

Sheila McLaughlin, *She Must Be Seeing Things*, de 1987, no qual Agatha, uma lésbica, é tomada por uma onda paranoica de ciúmes ao pensar que sua companheira vai abandoná-la por um homem. Os dildos e os brinquedos sexuais aparecem no filme como objetos de transição que permitem à protagonista lésbica desromantizar e desnaturalizar os cenários heterossexuais. A especificidade do filme está em questionar a estabilidade da ordem do visível, daí a pergunta em torno da qual gira o roteiro: "Quais são essas coisas que ela acha que está vendo?".[5] Quais são as "coisas" que as lésbicas veem? Ou, dito de outro modo, como as lésbicas veem as coisas, os órgãos, os corpos? Agatha atiça seus ciúmes fuçando o diário e as fotos de sua amante Jo, até que encontra o que procura. Vê, então, tudo com clareza: Jo se interessa pelos homens e é infiel a ela. Com a esperança de se igualar a seu rival masculino, Agatha começa a se vestir com roupas masculinas e finalmente decide visitar uma sex shop para comprar um dildo realista.

É na sex shop que Agatha aprenderá a ver as coisas de outra maneira. Segundo De Lauretis, quando a personagem vê um dildo pela primeira vez, depara-se com "o falo em sua manifestação mais modesta, com o falo como mercadoria".[6] Ainda mais importante, Agatha vê outra coisa no estabelecimento: uma boneca inflável em tamanho natural. No imaginário heterossexual do filme, a boneca inflável é o correlato do dildo. No mercado sexual hétero, os homens podem comprar uma cópia da totalidade do corpo feminino, enquanto as mulheres devem se contentar com uma réplica do pênis. Para Teresa de Lauretis, a diferença entre a "boneca inflável" e o "dildo realista" enquanto mercadorias torna explícita a assimetria "entre homens e mulheres no acesso à sexualidade".[7]

Essa cena mudará a forma de Agatha "ver as coisas", sua relação com o imaginário e sua maneira de se construir como sujeito desejante. Ela começa a compreender o que é o lesbianismo "vendo" que a heterossexualidade se reduz a pouquíssimas "coisas". Para De Lauretis, o dildo constitui um primeiro momento na confrontação da sexualidade lésbica com a heterossexualidade; um segundo será aquele no qual o sexo lésbico escapa da reprodução das assimetrias da ordem simbólica heterossexual. Para a autora, o que interessa é a ruptura epistemológica que o dildo introduz. Nessa análise, o dildo tem apenas um valor crítico e não prático. É por isso que, depois de se confrontar com o imaginário heterossexual e de se livrar do peso do falo, Agatha abandona a sex shop sem comprar o dildo.

Em *Corpos que importam*,[8] de Judith Butler, a análise do dildo está encoberta pela questão mais ampla do "falo lésbico", assim como pelas perguntas aparentemente mais dignas e filosóficas sobre o estatuto do sujeito, do poder e do desejo sexual lésbicos. Virando do avesso a "inveja do pênis" definida por Freud, Butler aponta que os homens se medem o tempo todo pelo ideal de falo justamente porque são dotados de um pênis, e não de um falo, estando, pois, obrigados a demonstrar sua virilidade de maneira compulsiva; uma prova pela qual as lésbicas não têm que passar. Mas, cedendo às exigências da linguagem psicanalítica, Butler omite o termo "dildo", a ponto de atribuir ao falo algumas características que associaríamos, sem sombra de dúvida, aos brinquedos sexuais: "plasticidade, transferibilidade e expropriabilidade".[9] "A possibilidade de deslocamento do falo", diz Butler, "sua capacidade de simbolizar em relação com outras partes do corpo ou outras coisas assemelhadas ao corpo, abre o caminho para a noção de falo lésbico."[10] Mas de que "falo lésbico" se trata? Difícil saber, já que Butler omite qualquer referência a práticas sexuais concretas.

O que o argumento butleriano deixa claro é que tanto as lésbicas feministas antidildo quanto os discursos homofóbicos repousam sobre um falso pressuposto comum: todo sexo hétero é fálico, e todo sexo fálico é hétero. Na ortodoxia feminista, por exemplo, toda representação do falo é considerada sinônimo do retorno do poder heterossexista sobre a mulher/a lésbica. Levando tal hipótese ao extremo, algumas separatistas radicais chegarão a afirmar que um ato sexual entre duas lésbicas que inclua um dildo "não é verdadeiramente lésbico". No discurso heterocêntrico tradicional, aparentemente oposto, mas por fim simétrico ao do feminismo separatista, a utilização de dildos entre lésbicas surge como a prova efetiva de que "um ato sexual sem pênis não pode ser considerado verdadeiramente sexual". O dildo é um buraco ontológico no âmbito da lógica binária das identidades de sexo e gênero.

As primeiras teorias feministas queer tentaram demonstrar que existe uma distância entre o falo e o pênis que o sexo lésbico pode superar, reterritorializar e subverter. O dildo não é o falo e não representa o falo porque o falo, digamos de uma vez por todas, não existe. O falo não é senão uma hipóstase do pênis. Tal como mostra a atribuição de sexo no caso de bebês intersexuais, isto é, aqueles bebês cuja genitália não pode ser identificada à primeira vista como simplesmente masculina ou feminina (voltarei a esta questão no capítulo "Money *makes sex*"), a chamada diferença sexual "natural" e a ordem simbólica que dela parece derivar não passam de uma questão de centímetros. Uma possível conclusão secundária interessante é que o pênis flácido ainda não é suficientemente masculino.

Somente o pênis ereto, ejaculando, como órgão produtivo e reprodutivo, pode se afirmar fálico.

Excessivamente presas à linguagem psicanalítica do falo, essas releituras feministas e pós-feministas queers do dildo evidenciam as operações tecnológicas que regularam e controlaram a construção e a reprodução tecnológica da masculinidade e da feminilidade ao menos nos dois últimos séculos. Se o dildo é disruptivo, não é porque permite à lésbica entrar no paraíso do falo, mas porque mostra que a masculinidade está, tanto quanto a feminilidade, sujeita às tecnologias sociais e políticas de construção e de controle. O dildo é o primeiro indicador da plasticidade sexual do corpo e da possível modificação prostética de seu contorno. Talvez ele indique que os órgãos que interpretamos como naturais (masculinos ou femininos) já tenham sofrido um processo semelhante de transformação plástica.

Partindo de referenciais psicanalíticos, Jack Halberstam trabalhou numa teoria do dildo não só como significante fálico, mas, sobretudo, como objeto sexual e modulador dos gêneros. Para Halberstam, se o dildo suscita a reprovação na comunidade lésbica e nas representações em geral, é porque esse incômodo brinquedo nos faz compreender que os verdadeiros pênis não passam de dildos, com a pequena diferença de que, até relativamente pouco tempo atrás, os pênis não estavam à venda.[11] Seguindo a mesma lógica, o autor afirma que os espetáculos de *drag kings* não exibem uma falsa imitação da masculinidade, mas, pelo contrário, deixam entrever como se constrói a masculinidade de maneira autêntica.

Aprendendo com o dildo

Deixando de lado os debates psicanalíticos e morais, este ensaio propõe considerar o dildo, em sua produção e uso pelo menos a partir do século XVIII, como parte de uma tecnologia biopolítica — ou seja, um elemento dentro de um complexo sistema de dispositivos reguladores que definem relações entre corpos, ferramentas, signos, máquinas, usos e usuários. O dildo se revela, assim, como mais um instrumento entre outras máquinas orgânicas e inorgânicas (as mãos, os chicotes, os pênis, os cintos de castidade, os preservativos, as línguas etc.), e não simplesmente como a réplica de um único membro.

A contrassexualidade diz: a lógica da heterossexualidade é a do dildo, e remete à possibilidade transcendental de dar a um órgão arbitrário o poder de instaurar a diferença sexual e de gênero. "Extrair" o órgão que institui o corpo como "naturalmente masculino" e chamá-lo de dildo é um ato político decisivo nos processos de desconstrução da heterossexualidade. A invenção do dildo supõe o final do pênis como origem da diferença sexual. Se o pênis é para a sexualidade o que Deus é para a natureza, o dildo torna efetiva, no domínio da relação sexual, a morte de Deus anunciada por Nietzsche. Nesse sentido, o dildo pode ser considerado um ato reflexivo fundamental na história da tecnologia contrassexual.

Torna-se necessário filosofar não a golpes de martelo, mas a golpes de dildo. Já não se trata de romper os tímpanos, mas de abrir os ânus. É preciso dinamitar o órgão sexual, aquele que se fez passar pela origem do desejo, por matéria-prima do sexo, aquele que se apresentou como centro privilegiado, no qual se toma o prazer ao mesmo tempo que se dá, e como reservatório de reprodução da espécie. Enquanto transamos, o dildo é o estrangeiro. Mesmo amarrado a meu corpo, ele não me pertence. O cinto vem negar a verdade do prazer como algo que se origina em mim; ele contradiz a evidência de que o prazer acontece em um órgão que é meu. Mais ainda, o dildo é o impróprio. Enquanto objeto inorgânico que coabita com a carne, o dildo se parece com o que Kristeva chama de "o abjeto", já que mantém uma proximidade com a morte, com a máquina, com a merda. O dildo é um intruso, um outsider, um hacker.

Para desmascarar a sexualidade como ideologia, é preciso compreender o dildo (seu corte do corpo) como centro de significação diferido. O dildo não é um objeto que substitui uma falta. Trata-se de uma operação que acontece no interior da heterossexualidade. Digamos mais uma vez, o dildo não é só um objeto, é também, estruturalmente, uma operação de recortar e colar: uma operação de deslocamento do suposto centro orgânico de produção sexual para um lugar externo ao corpo. O dildo, como símbolo de potência e excitação sexual, trai o órgão anatômico deslocando-se para outros espaços de significação (orgânicos ou não, masculinos ou femininos) que vão ser ressexualizados por proximidade semântica. A partir desse momento, qualquer coisa pode se tornar um dildo. Tudo é dildo. Inclusive o pênis.

Durante sua visita à feira de aviação em 1912, o inventor do ready-made, Marcel Duchamp, disse a seus amigos Fernand Léger e Constantin Brancusi: "A pintura acabou. Quem pode fazer melhor do que esta hélice?". Podemos dizer a mesma coisa sobre próteses sexuais, dildos e vibradores. O sexo acabou. Quem pode fazer melhor do que este dildo? Se no caso de

Duchamp o ready-made marcou a passagem da pintura para a arte conceitual, o dildo marca a passagem do naturalismo sexual para o contrassexo conceitual.

Embora o pênis ereto afirme ser uma autopresença imediata e autêntica a si mesmo, essa autoidentidade é contaminada pelo que tenta excluir: o pênis flácido, o clitóris, a vagina, o ânus — e o dildo. Nesta primeira fase desconstrutiva, porém, o dildo realista ainda possui as características formais e/ou materiais de seu referente normativo (o pênis): a mesma forma, o mesmo tamanho e cor; pode ser considerado um exemplo paradigmático do que Jacques Derrida define como o "perigoso suplemento" em sua análise da oposição natureza/cultura em Rousseau e sua relação com a escrita:

> O suplemento supre. Ele não se acrescenta senão para substituir. Intervém ou se insinua *em-lugar-de*; se ele colma, é como se cumula um vazio. Se ele representa e faz imagem, é pela falta anterior de uma presença. Suplente e vicário, o suplemento é um adjunto, uma instância subalterna que *substitui*. Enquanto substituto, não se acrescenta simplesmente à positividade de uma presença, não produz nenhum relevo, seu lugar é assinalado na estrutura pela marca de um vazio. Em alguma parte, alguma coisa não pode se preencher *de si mesma*, não pode efetivar-se a não ser deixando-se colmar por signo e procuração. O signo é sempre o suplemento da própria coisa.[12]

Assim, enquanto em um primeiro momento o dildo parece um substituto artificial do pênis, a operação de corte já colocou em marcha um processo de desconstrução do órgão-origem. Da mesma maneira que a cópia é a condição de possibilidade do original, e que o suplemento só pode suprir à medida que é mais real e efetivo do que aquilo que pretende suplementar, o dildo, aparentemente uma representação de plástico de um órgão natural, produz retroativamente o pênis original. Graças a uma pirueta macabra que a metafísica havia guardado para nós, o dildo precede o pênis. O dildo torna-se o pênis do pênis, o suplemento do suplemento, substituindo o sexo que supostamente representa.

O dildo desconstrói qualquer forma de autoridade sexual. A inversão de binários para transformar os termos subordinados (vagina, ânus) em termos privilegiados (pênis) deixa intacta a estrutura hierárquica e autoritária do significado, mas o dildo (o estranho, o objeto, o não sexual) adia a autoridade indefinidamente. Isso é gramatologia desfazendo identidade sexual. Por um lado, o dildo finge ser uma adição a um pênis que já é completo, presente e suficiente em si mesmo. Por outro lado, como substituto dos genitais, aparece como uma compensação (das lésbicas, pessoas trans ou pessoas com deficiência) de algo que está faltando; é insuficiente em si mesmo. Em todos os casos, o que deveria estar totalmente presente contém uma ausência constitutiva que exige complementação.

Seja quando se acrescenta ao sexo, seja quando o substitui, o dildo como suplemento é exterior, permanece fora do corpo orgânico. O dildo é o estranho. É paradoxalmente ao mesmo tempo a cópia exata e o que é mais alheio ao órgão; nesse sentido, seu estatuto não difere do da prótese, que, como soube ver Merleau-Ponty, compromete todas as premissas da fenomenologia.[13] Como cópia, mimese parasita do pênis, está sempre a caminho de se aproximar, cada vez mais, ao ideal da imitação. Nunca é suficiente. Nunca está bastante próximo do órgão. Na realidade, não se basta a si mesmo como imitação do órgão. Não se contenta em imitar. É por isso que deve estar em constante transformação, superando-se de tal maneira que vá além da forma, do tamanho e da excelência daquilo que supostamente imita. O dildo dirige o pênis contra si mesmo. Até agora, o órgão-sexual-de-carne-e-osso, concebido como natural, como presença, parecia suficiente. Por essa razão, no imaginário heterocêntrico psicológico e médico moderno, o dildo viu sua utilização terapêutica limitada a situações em que os órgãos vivos já não funcionam (por conta de um acidente ou doença). Pensar que a sexualidade lésbica é forçosamente uma sexualidade associada ao dildo seria incluir o corpo-sapatão entre esses corpos inválidos para transar. É só quando a natureza já falhou, anunciando a morte, que o dildo é considerado pelas instituições médicas heterossexuais uma medida de urgência, ou um instrumento de compensação para preencher a falta. Mas o dildo não funciona da maneira que se espera de um simples consolo.

O dildo desvia o sexo de sua origem "autêntica" porque é alheio ao órgão que supostamente imita. Estranho à natureza e produto da tecnologia, comporta-se como uma máquina que não pode representar a natureza senão sob o risco de transformá-la. O dildo é o outro malvado. É a "morte" que espreita o pênis vivo. Aterroriza. Relegado até agora à categoria de imitação secundária, a nova genitália de plástico abre uma linha de evolução da carne alternativa à do pênis.

Mas o dildo é também sinônimo de impotência, de alienação, de ausência de ereção, de perda de controle. Nesse sentido, está mais próximo da representação do século XIX da sexualidade feminina do que da masculina. Logo, poderia parecer que ter um orgasmo com um dildo é como estar possuído por um objeto. Perder a soberania sexual para ganhar, por fim, um prazer plástico.

Assim, o dildo se torna, pouco a pouco, um vírus que corrompe a verdade do sexo. Não é fiel à natureza dos órgãos. É o servo que se rebela contra o dono e, propondo-se como via alternativa de prazer, torna irrisória a autoridade deste. Não existe utilização natural do dildo. Não há orifício que lhe esteja naturalmente reservado. A vagina não lhe é mais apropriada que o ânus.

A operação de recorte e colagem que o dildo representa inaugura, pois, num primeiro momento, um tráfico do significante que coloca em funcionamento o processo irrefreável de destruição da ordem heterocêntrica. O segundo momento dessa lógica reflexiva é o aperfeiçoamento do dildo, de modo que se aproxime cada vez mais do ideal perfeito (nesse sentido, os pênis de Rocco Siffredi e Jeff Stryker devem ser considerados dildos vivos) que institui a diferença sexual, e se distancie cada vez mais de seu referente anatômico. O dildo se torna mecânico, suave, silencioso, brilhante, deslizante, transparente, ultralimpo, seguro. Não imita o pênis, mas o substitui e o supera em sua excelência sexual.

Em um terceiro momento de reflexibilidade discursiva, o dildo se volta sobre o corpo, transladando-se sobre ele para contrassexualizá-lo (ver as práticas de inversão e de citação contrassexual). Dessa maneira, o corpo, que dependia de uma ordem orgânica hierarquizante e diferenciável, transforma-se em pura horizontalidade, em superfície plana onde os órgãos e as citações se deslocam em velocidade variável. O dildo realiza aí sua verdade: é efeito múltiplo e não origem única.

A descoberta do dildo introduz no sistema heterocêntrico a possibilidade de repetição ao infinito de um significante sexual. Assim, o falo é devorado pela mesma força transcendental que o havia naturalizado. Como o capital, como a linguagem, o dildo busca somente sua própria expansão polimorfa; ignora os limites orgânicos ou materiais; agarra-se a tudo para criar a diferença, gera a diferença por todos os lados, mas não se identifica com a própria diferença. É trânsito e não essência.

O dildo é a verdade da heterossexualidade como paródia. A lógica do dildo prova que os próprios termos do sistema heterossexual masculino/feminino, ativo/passivo não passam de elementos entre muitos outros de um sistema arbitrário de significação. O dildo é a verdade do sexo enquanto mecanismo significante, ante a qual o pênis aparece como a falsa impostura de uma ideologia de dominação. O dildo diz: o pênis é um sexo de mentira. O dildo mostra que o significante que gera a diferença sexual está capturado em seu próprio jogo. A lógica que o instituiu é a mesma lógica que o vai trair. E tudo isso sob o pretexto de uma imitação, da compreensão de uma incapacidade, de um mero suplemento prostético.

Essa traição se situa, por isso, do lado da recitação subversiva da heterossexualidade, e não do lado do repúdio de qualquer forma de significação "patriarcal". Da mesma maneira que existe uma teologia negativa, existe também uma "sexologia negativa" que procede mediante a exclusão de toda representação do "patriarcado" naquilo que considera como transfigurações do pênis. A teoria lésbica separatista, que critica a utilização do dildo por sua cumplicidade com os signos de dominação masculina, ainda acredita na realidade do pênis como sexo. Nesse viés erótico hiperfeminilizante, a ausência que estrutura o corpo, fiel a um esquema corporal monocêntrico e totalizador, está de luto pelos resquícios do mesmo sistema falocêntrico que critica. A falta como ausência do significante, como vazio efetivo ("nunca um pênis, nunca um dildo"), se transforma aqui em um novo centro de prazer. Nessa sexologia negativa, a transgressão se produz negando a própria gramática que cria a significação sexual. É como se toda a gramática sexual estivesse contaminada ou "patriarcalizada". Essas teorias correm o risco de reestruturar o corpo a partir de outro centro vazio, quando poderiam negar o centro como centro, multiplicando-o até que a própria noção de centro já não tivesse sentido. O corrimento provocado pelo dildo não equivale a uma substituição do centro, inclusive vazio, por intermédio da imitação de um modelo original. É a conversão de qualquer espaço em centro possível que trai a origem. É preciso desterritorializar o sexo. Então, tudo é dildo. Tudo se torna orifício.

Se a castração é uma metáfora tão forte na ideologia psicanalítica, é exatamente pelo potencial do corte como estratégia de subversão. Uma vez mais, não é o pênis-martelo de Nietzsche que opera a inversão de todos os valores, mas as tesouras da sapatão que cortam, deslocam e colam. Por isso, ser "dildo-sapatão" não é uma identidade sexual entre outras ou uma simples declinação dos códigos da masculinidade em um corpo feminino, mas a última identidade sexual possível. Depois do dildo, tudo se torna contrassexual.

Por não ser identificável como órgão na oposição tradicional homem/ativo, mulher/passiva, o dildo transforma o ato de transar em um ato paradoxal. A totalidade do sistema heterossexual dos papéis de gênero, confrontada a esse pequeno objeto, perde seu sentido.[14] Mais ainda, as ideias e os afetos tradicionais em torno do prazer sexual e do orgasmo, tanto heterossexual como homossexual, tornam-se obsoletas quando se trata do dildo.

Com relação ao corpo, o dildo assume o papel de um limite em movimento. Como significação descontextualizada, como citação subversiva, remete à impossibilidade de delimitar um contexto. Em primeiro lugar, põe em questão a ideia de que o corpo masculino é o contexto natural da prótese do pênis.

Depois, e de modo mais drástico, ameaça a suposição de que o corpo orgânico é o contexto próprio da sexualidade.

O *strap-on* (independentemente de ser considerado uma imitação ou uma paródia), longe de estabilizar a identidade sexual e a identidade de gênero daquele/daquela que o utiliza, provoca uma cadeia de identificações e de negações sucessivas. Enquanto objeto preso à carne, reestrutura a relação entre o dentro e o fora, entre o passivo e o ativo, entre o órgão natural e a máquina (ver o capítulo "Tecnologias do sexo", adiante). Como objeto móvel, passível de ser deslocado, desprendido e separado do corpo, caracterizando-se pela reversibilidade no uso, ameaça constantemente a estabilidade das operações dentro/fora, passivo/ativo, órgão natural/máquina, penetrar/cagar, oferecer/tomar...

A acessibilidade e disponibilidade do dildo desmitificam o vínculo habitualmente estabelecido entre amor e sexo, entre reprodução da vida e prazer. Eis aqui um objeto que se deve ferver em temperatura alta para estar bem limpo, que se pode dar de presente, jogar no lixo ou servir de peso para papéis. O amor vai embora, o amor volta, os casais vão e vêm, mas o dildo está sempre ali, como sobrevivente do amor. Como o amor, e não essência.

Ao reconfigurar os limites erógenos do corpo trepador/trepado, o dildo coloca em questão a ideia de que os limites da carne coincidem com os limites do corpo. Perturba, desse modo, a distinção entre sujeito sensível e objeto inanimado. Sendo capaz de se separar, resiste à força com que o corpo se apropria de todo o prazer, como se este viesse *de dentro* do corpo, *de dentro* do sujeito. O prazer que busca pertence ao corpo somente na medida em que é reapropriação, somente porque este está "preso". O dildo coloca a questão da morte, da simulação e da falsidade no sexo. Inversamente, obriga a interrogar-se sobre a vida, a verdade e a subjetividade no sexo. O dildo que goza sabe que o prazer (todo prazer sexual) nunca é dado ou tomado, nunca está ali, nunca é real, é sempre incorporação e reapropriação.

Breve genealogia dos brinquedos sexuais ou de como Butler descobriu o vibrador

EM SEU PROJETO DA *História da sexualidade* (que hoje talvez seria mais correto denominar "história do biopoder"), Foucault identificou quatro dispositivos que nos permitem compreender a sexualidade como o produto de tecnologias positivas e produtivas, e não como o resultado negativo de tabus, repressões, proibições legais. Essas quatro grandes tecnologias da sexualidade são, segundo Foucault: a histerização do corpo da mulher, a pedagogização do sexo da criança, a socialização das condutas procriadoras e a psiquiatrização do prazer perverso.

A análise dos dispositivos de construção das sexualidades chamadas normais e desviadas pertence ao estudo dessa zona que Deleuze e Donzelot chamam de "o social":

> O setor social não se confunde com o setor judiciário, ainda que lhe proporcione novas extensões. Donzelot mostrará que o social também não se confunde com o setor econômico, pois inventa precisamente toda uma economia social e recorta a distinção entre o rico e o pobre em novas bases. Nem se confunde com o setor público ou com o setor privado pois induz, ao contrário, uma nova figura híbrida de público e privado, produzindo, ele mesmo, uma repartição, um entrelaçamento original entre as intervenções do Estado e seus recuos, entre seus encargos e desencargos.[1]

A definição desse espaço "social" não cabe nem à antropologia nem à sociologia, mas constitui uma crítica interna da estrutura das ciências humanas, tal como as conhecemos na universidade e nas instituições de produção e transmissão do saber. Ela questiona a possibilidade de continuar trabalhando com categorias como "homem", "humano", "mulher", "sexo", "raça", que não passam do produto performativo do trabalho disciplinar empreendido pelas ciências humanas desde o século XVII.

Foucault havia planejado a publicação de um volume dedicado ao estudo das figuras da mulher, da mãe e da histérica em sua *História da sexualidade*. De acordo com o próprio filósofo, esse volume seria destinado a analisar a "sexualização do corpo da mulher, os conceitos de patologia gerados por esta sexualização e pela inserção do corpo em uma perspectiva que o dota de significação para a política social".[2] No fim, ele não chegou a desenvolver senão uma tímida genealogia dos dispositivos de sexualidade que operam na produção dos corpos das mulheres em seus cursos do Collège de France de 1974 e 1975, e não teve tempo de esboçar os argumentos que lhe teriam permitido traçar uma análise diferencial dos dispositivos que viabilizaram as diversas inscrições sexuais do corpo feminino, como heterossexual ou lésbica, casada ou solteirona, frígida ou ninfomaníaca, casta ou prostituta…

Se algum trabalho foi conduzido nessa direção, esse esforço surgiu das análises feministas e pós-feministas queer. A chamada "segunda onda do feminismo" americana chegou a elaborar a noção de "gênero" enquanto construção social, fabricação histórica e cultural, que não estaria determinada por uma verdade ou um substrato, nem natural nem ontológico. Nessa linha construtivista, talvez o esforço mais interessante dos últimos anos tenha sido aquele empreendido pela teoria performativa de Judith Butler. Não entrarei aqui em uma leitura interpretativa das teorias sobre a identidade sexual que Butler desenvolve tanto em *Problemas de gênero* como em *Corpos que importam*, entre 1990 e 1993. Ao contrário, irei me limitar a questionar certas "figuras", especialmente a da drag queen, que servem à sua análise (ou melhor, das quais a análise se serve) e que a meu ver apontam os limites de certas noções performativas.

O sucesso argumentativo da teoria do gênero de Butler decorre em grande parte da eficácia com que a performance da drag queen lhe permitiu desmascarar o caráter imitativo do gênero. Butler, apoiando-se no estudo antropológico do início dos anos 1970 sobre o travestismo na América, realizado por Esther Newton,[3] enuncia uma ode aos efeitos paródicos e desnaturalizadores que a teatralização da feminilidade da drag queen produz. Para Butler, a performance da drag queen evidencia os mecanismos culturais que produzem a coerência da identidade heterossexual e que garantem a ligação entre sexo anatômico e gênero. Desse modo, é a performance da drag queen que permite a Butler concluir que a heterossexualidade é uma paródia de gênero sem original na qual as posições de gênero que acreditamos naturais (masculinas ou femininas) são o resultado de imitações submetidas a regulações, repetições e sanções constantes.

Mais ainda, em uma segunda argumentação, especialmente intensa a partir de 1993, Butler se esforça por redefinir a performance teatral em termos de performatividade linguística. Assim, concluirá que os enunciados de gênero, desde aqueles pronunciados na ocasião do nascimento, como "é menino" ou "é menina", até os insultos, como "bicha" ou "sapatão", não são enunciados constatáveis, não descrevem nada. São mais enunciados performativos (ou realizativos), isto é, invocações ou citações ritualizadas da lei heterossexual. Se essa linha de análise foi extremamente produtiva sobretudo na criação de estratégias políticas de autodenominação, bem como em operações de ressignificação e reapropriação da injúria queer, ela se torna problemática assim que completa o processo, já iniciado em *Problemas de gênero*, de redução da identidade a um efeito do discurso, ignorando as formas de incorporação específica que caracterizam distintas inscrições performativas da identidade.

Durante todo esse processo argumentativo, Butler parece ter colocado entre parênteses tanto a materialidade das práticas de imitação como os efeitos de inscrição sobre o corpo que acompanham toda performance.[4] Desse modo, por exemplo, em *Corpos que importam*, ela utiliza o caso de Venus Xtravaganza, uma das protagonistas do documentário *Paris Is Burning*, sem levar em conta que Venus já iniciou um processo de transexualidade prostética, que vive de um trabalho de prostituição sexual no qual utiliza tanto os seios de silicone como o pênis "natural", e que não é um(a) cidadão(ã) branco(a) americano(a), mas uma travesti de cor e de origem latina. Por fim, além de todo o efeito previsível da violência performativa, Venus será assassinada em Nova York por um cliente, tornando ainda mais crua a realidade que a análise de Butler havia ignorado.

A noção butleriana de "performance de gênero", assim como a ainda mais sofisticada "identidade performativa", desfazem-se prematuramente do corpo[5] e da sexualidade, inviabilizando uma análise crítica dos processos tecnológicos de inscrição que possibilitam que as performances "passem" por naturais ou não. E é exatamente essa impossibilidade de passar (passar por mulher, passar por americana, passar por branca) que vai levar Venus Xtravaganza à morte. É por isso que as comunidades transgênero e transexuais americanas vão ser as primeiras a criticar a instrumentalização da performance da drag queen na teoria de Butler como exemplo paradigmático da produção de identidade performativa.[6]

Butler, ao acentuar a possibilidade de cruzar os limites dos gêneros por meio de performances de gênero, teria ignorado não só os processos corporais, em especial as transformações que acontecem nos corpos transgênero e transexuais, mas também as técnicas de estabilização do gênero e do sexo que operam nos corpos heterossexuais.[7] O que as comunidades transexuais e transgênero colocaram em evidência não foi tanto a performance teatral ou de palco dos gêneros (*cross-gender*), mas as transformações físicas, sexuais, sociais e políticas dos corpos fora da cena; dito de outro modo, tecnologias precisas de transincorporação: clitóris que crescerão até se transformarem em órgãos sexuais externos, corpos que mudarão ao ritmo de doses hormonais, úteros que não procriarão, próstatas que não produzirão sêmen, vozes que mudarão de tom, barbas, bigodes e pelos que cobrirão rostos e peitos inesperados, dildos que terão orgasmos, vaginas reconstruídas que não desejarão ser penetradas por um pênis, próteses testiculares que ferverão a cem graus e que poderão, inclusive, ser fundidas no micro-ondas...

Estou sugerindo que, talvez, se as hipóteses do chamado "construtivismo de gênero" foram aceitas sem produzir transformações políticas significativas, pode ser exatamente porque tal construtivismo não só mantém como depende de uma distinção entre sexo e gênero que torne efetiva a oposição tradicional entre cultura e natureza e, por extensão, entre tecnologia e natureza. A necessidade de lutar contra as formas normativas de essencialismo de gênero de toda espécie teria feito o feminismo e o pós-feminismo dos anos 1990 vítimas de suas próprias depurações discursivas.

Na minha opinião, existe uma brecha teórica e política entre a afirmação de Simone de Beauvoir, "não se nasce mulher, torna-se", e a declinação dessa máxima por Monique Wittig no artigo que levará por nome, exatamente, "Não se nasce mulher". Quando Wittig afirma, em 1981, que "as lésbicas não são mulheres", trata-se não somente de apontar o caráter construído do gênero, como também, mais ainda, de reclamar a possibilidade de intervir nessa construção até o ponto de abrir linhas de deriva com relação a um futuro que se impõe, se não como natural, pelo menos como socialmente normativo ou inclusive como simbolicamente preferencial.[8]

Meu esforço consiste numa tentativa de fugir do falso debate essencialismo-construtivismo (dito de outra maneira, da oposição tradicional natureza-cultura, hoje rebatizada natureza-tecnologia), confrontando os instrumentos analíticos, seja da teoria queer, seja das filosofias pós-estruturais (e incluo aqui tanto a desconstrução como a genealogia foucaultiana ou a esquizoanálise de Deleuze e Guattari), com certos órgãos e objetos impróprios, aos quais nem o feminismo nem a teoria queer quiseram ou puderam responder. Foi o que tentei no capítulo precedente, ao analisar o dildo, e é o que farei no seguinte, ao estudar alguns órgãos sexuais cirurgicamente reconstruídos ou hormonalmente transformados. Neste capítulo, abordarei principalmente as tecnologias implicadas na repressão e na reprodução do orgasmo, as que antecedem e prefiguram os brinquedos sexuais contemporâneos que, até agora, eram considerados instrumentos de fetiche.

Esse confronto forçado avança em direção a um "metaconstrutivismo" não só do gênero como também, e sobretudo, do sexo, isto é, em direção a uma reflexão sobre os limites do construtivismo; prefigura, igualmente, certa forma de materialismo ou empirismo radical queer, e é uma resposta à necessidade, depois de um momento de concentração em torno da identidade e suas políticas, de se voltar para as práticas, as quais Foucault teria chamado de "o conjunto dos modos de fazer sexo", modos pelos quais o corpo é construído e se constrói como "identidade".[9]

Justamente para tentar questionar os limites da teoria queer, vou partir de uma reflexão em torno desses órgãos e objetos impróprios relacionados com a repressão ou a produção do prazer sexual. Essas "máquinas sexuais", que identificarei como estruturalmente vizinhas ao dildo, existem em uma zona intermediária entre os órgãos e os objetos. Assentam-se, de maneira instável, sobre a própria articulação natureza-tecnologia.

Esse conjunto de máquinas sexuais nos permitirá começar uma reflexão sobre os efeitos de transformação da carne implicados em toda invocação performativa da identidade sexual, e finalmente nos conduzirá à tentativa de reformular a identidade de gênero em termos de incorporação prostética. Entremos nesse debate lembrando a enigmática frase de Georges Canguilhem em *O conhecimento da vida*: "As máquinas podem ser [...] consideradas órgãos da espécie humana". Neste capítulo, vamos nos perguntar: que tipo de órgãos-máquina são os órgãos sexuais dessa espécie que hoje denominamos pós-humana?

Em seu estudo sobre a relação entre os corpos e os objetos sexuais, Gayle Rubin, mais do que Foucault, aparece como uma figura iniciática. As memórias de Rubin sobre as origens da Samois, a primeira organização BDSM lésbica, fundada em 1978 em San Francisco, mostram o seu fascínio por algumas das "fabricações extraordinárias de prazer" e alguns dos "instrumentos" que participavam nos "usos dessexualizados e desvirilizados dos corpos", aos quais Foucault havia se referido com admiração em diversas ocasiões. Rubin explica:

> Não vejo como alguém pode falar de fetichismo e de sadomasoquismo sem pensar na produção da borracha, nas técnicas e equipamentos usados para treinar e montar cavalos, no brilho polido das botas militares, na história das meias de seda, na fria qualidade autoritária dos equipamentos médicos, na tentação das motos e da liberdade indescritível de abandonar a cidade pelas estradas. Nesse sentido, como pensar no fetichismo sem considerar o impacto da cidade, de certos parques e ruas, das zonas de meretrício e dos entretenimentos "baratos", ou mesmo da sedução das vitrines das grandes lojas que empilham bens desejáveis e cheios de glamour (Walkowitz, Peiss, Matlock)? Para mim, o fetichismo suscita toda uma série de questões relacionadas a mudanças nos modos de produção de objetos, a especificidades históricas e sociais do controle, da pele e de etiqueta social, ou a invasões do corpo experimentadas de maneira ambígua e a hierarquias minuciosamente graduadas. Se toda essa informação social complexa se reduz à castração ou ao complexo de Édipo ou a saber ou não o que se supõe que uma pessoa deva saber, então algo importante se perdeu.[10]

Gayle Rubin, que, ao contrário de Foucault, não teve medo de adotar os modos de produção do capital e da cultura popular como referência, em vez de se voltar aos gregos, aponta a possibilidade de considerar a sexualidade como parte de uma história mais ampla das tecnologias, que incluiria desde a história da produção dos objetos de consumo (motos, carros etc.), a história da transformação das matérias-primas (seda, plástico, couro etc.), até a história do urbanismo (ruas, parques, zonas, estradas etc.). Trata-se, portanto, de repensar tanto o BDSM quanto o fetichismo não mais como perversões marginais à sexualidade "normal" dominante, e sim como elementos essenciais da produção moderna do corpo e da relação do corpo com os objetos manufaturados. Desse modo, a história da sexualidade se desloca do âmbito da história natural da reprodução e passa a fazer parte da história (artificial) da produção. Seguindo essa intuição de Rubin, vou tentar reconstituir o lugar que o dildo ocupa na complexa trama de tecnologias de produção, de signos, de poder e, finalmente, de tecnologias do eu.

É no âmbito dessa análise que eu gostaria de esboçar o desenvolvimento de um conjunto de tecnologias relacionadas com a produção do que hoje poderíamos denominar "prazer sexual", o qual a sexologia moderna passou a chamar mais especificamente de "orgasmo", unidade última e irredutível do prazer individual. Esta breve análise mostrará, primeiro, que a intervenção (produção) tecnológica na (da) sexualidade foi uma prática constante (embora sob modelos diferentes e descontínuos) da modernidade. Portanto, se cabe falar de uma mudança contemporânea na reprodução sexual, esta se encontraria nas transformações do sexo e não tanto em uma passagem (inquietante ou alarmante, como se costuma qualificar nas narrativas apocalípticas de certos naturalismos) de uma forma natural de sexualidade a uma sexualidade tecnológica. Em segundo lugar, nenhuma dessas tecnologias deve ser considerada um sistema completo capaz de produzir absoluta e necessariamente certos "sujeitos de prazer". Muito pelo contrário, essas tecnologias se revelarão estruturas falidas (ultrapassando, portanto, a própria noção de estrutura) nas quais nenhum instrumento de dominação está livre de ser pervertido e reapropriado no interior do que chamarei, seguindo as intuições de Foucault, de distintas "práxis de resistência".

A análise de certos instrumentos e objetos produzidos durante o século XIX e início do século XX, como luvas para impedir o contato da mão e do clitóris, ou os chamados "vibradores musculares", mostrará que o "prazer sexual feminino" é o resultado do trabalho de dois dispositivos opostos que operam de forma paralela desde fins do século XVIII até meados do século XX: por um lado, as técnicas relacionadas com a repressão da masturbação; por outro, as técnicas de cura da histeria. Vou me limitar, aqui, a delinear esquematicamente uma possível genealogia da produção do orgasmo feminino, sabendo que seria possível conduzir uma análise similar sobre a ereção e a ejaculação masculinas como resultado do encontro paradoxal entre as técnicas de repressão da masturbação e os tratamentos destinados à cura da impotência, da debilidade sexual e da homossexualidade.

Ata-me: tecnologias da mão masturbadora

O quadro *Os cinco sentidos*, de Theodoor Rombouts, mostra cinco figuras, todas elas masculinas. Três das figuras, representando o olfato, o paladar e a audição, são de homens jovens e sadios que parecem absortos em suas respectivas experiências sensoriais. Não existe conexão visual entre eles. Por sua vez, uma forte conexão se estabelece entre a visão, representada por um velho sábio que segura um par de óculos, e o tato, um velho que acaricia o rosto de uma estátua de pedra. Enquanto o tato reconhece a superfície do rosto com as mãos, a visão o encara com um gesto distante e elevado, que parece abarcar tanto o tato como o rosto que é tocado. O tato e a visão estão marcados por uma assimetria epistemológica radical: o tato é cego, enquanto a visão toca com o olhar sem ser contaminada nem pelo particular nem pela matéria, isto é, a visão supõe um modo superior de experiência que prescinde da mão e da pele.[11] Na transição do tato para a visão, que marcará a emergência da modernidade filosófica, o tato, enquanto sentido menos válido, será literalmente contido e efetivamente "impedido" por meio de uma série de instrumentos técnicos que mediarão a relação entre a mão e os órgãos genitais, e que virão a regular as possibilidades inquietantes abertas pela mão que toca a si mesma e que transforma o indivíduo em seu próprio objeto de conhecimento, de desejo e de prazer. Por trás do problema da cegueira, que estrutura os debates sobre o conhecimento e a sensibilidade em Locke, Berkeley, Condillac, Buffon, Diderot e Voltaire, esconde-se a mão moderna do masturbador.

Como mostra Vern L. Bullough no primeiro estudo detalhado da história das tecnologias sexuais,[12] entre os séculos XVIII e XIX existe uma enorme produção de aparelhos e instrumentos dedicados à prevenção do que se passou a chamar de "doenças produzidas pela masturbação". Ainda que a masturbação fosse conhecida como um "vício solitário" desde a Antiguidade, embora no tratado clássico de medicina de Sinibaldi, *Geneanthropeia* — frequentemente considerado o primeiro tratado de sexologia —, já apareça como a possível causa de diferentes enfermidades, tais como "prisão de ventre, corcova, mau hálito ou congestão nasal",[13] é apenas no século XVIII que a masturbação será construída médica e institucionalmente como uma "doença". Uma das primeiras fontes da crença na insalubridade da masturbação será o tratado inglês anônimo *Onania, the Heinous Sin of Self-Pollution*, publicado na Holanda por volta de 1710, e que apresenta a "decadência moral e física" à qual leva o que o relato chama de "abuso de si".

Alguns anos depois, em 1760, o médico suíço Samuel Auguste Tissot publica *L'Onanisme: Dissertation sur les maladies produites par la masturbation*.[14] Segundo a teoria dos humores de Tissot, a masturbação é antes de tudo uma forma de *gâchis*, isto é, um desperdício desnecessário da energia corporal que conduz inexoravelmente à doença e inclusive à morte. Este *gâchis* está presente não só na masturbação, como também em "todo coito cujo objetivo não é a procriação" e, logo, em toda relação homossexual. É importante destacar que, para Tissot, a masturbação não é uma doença em si, mas um fator causal presente em um conjunto diverso de doenças, como a epilepsia, a estupidez e a loucura.[15]

Apesar das diferenças entre ambos os tratados clássicos, existe um denominador comum entre *Onania* e *L'Onanisme*: eles levam a cabo, respectivamente, a descrição de um processo de degeneração moral e sua identificação patológica. Ambos destacam o aparecimento simultâneo do sexo individual e de um conjunto de técnicas de si mediante as quais conheço, controlo e produzo o indivíduo como sujeito de uma identidade sexual. Ambos supõem um modelo de corpo individual como sistema autorregulado, um circuito fechado e finito de energia cujo gasto pode ser posto em perigo pela perda excessiva de certos fluidos corporais, como a água, o sangue e o sêmen.[16] A retórica do abuso de si define um risco de contaminação e de doença interna ao próprio circuito corporal do indivíduo. O perigo precede a comunidade e a relação sexual. A contaminação acontece em um novo espaço no qual a sexualidade se define: o indivíduo e seu próprio corpo. A falta de autocontrole e o excesso de autoafecção, ao ameaçarem o equilíbrio dos fluidos energéticos do corpo individual, transformam-se em abuso de si e em autocontaminação. Antes que se produza algum tipo de relação sexual, o indivíduo já se vê ameaçado por uma forma de contaminação da qual seu próprio corpo seria a única fonte.

Tissot, em um gesto sintomático do aparecimento de uma nova forma de poder que Foucault identificará como "biopolítica", antecipa a produção do corpo vivo como "bem" e "mercadoria", e a regulação da sexualidade como a forma fundamental da produção heterossexual da vida. Nesse modelo físico de circuitos, fluidos e vasos comunicantes, a energia sexual não é senão uma modalidade de energia do corpo suscetível de ser transformada em força física, no caso do trabalho, ou em força de procriação, no caso da atividade (hetero)sexual.[17] Aqui, o prazer é considerado um simples subproduto, uma espécie de resíduo que resulta do consumo dessa energia sexual. A consequência dessa economia restritiva de fluidos corporais e prazeres sexuais — modelo que passará à teoria freudiana dos vasos comunicantes — é que, indiretamente, qualquer atividade produtiva depende de um *excedente* de fluidos e de energias sexuais que pode ser di-vertido ou per-vertido, que pode ser mobilizado em diversas direções. Do mesmo modo, como se fosse um efeito secundário da mesma equação física, toda energia mecânica pode se transformar em energia sexual. O trabalho e a sexualidade pertenceriam, assim, a um mesmo circuito ergonômico, no qual toda forma de capital pode se transformar em sexo e no qual todo trabalho sexual se torna capital (reprodutivo). A circularidade dessa tecnologia de vida que Foucault denomina "sexualidade" se fecha com a garantia da eficácia do coito heterossexual, do processo de geração durante a gravidez e, finalmente, do parto como atividade que consiste em livrar para o mundo o resultado do dito trabalho de reprodução. Tal é a tecnologia de produção dos corpos heterossexuais que a mão masturbadora colocou em perigo e que terá de ser disciplinada por um conjunto igualmente importante de tecnologias de repressão.

É preciso destacar que essas tecnologias do sexo e do gênero não existem, isoladamente ou de maneira específica, fora do contexto de uma biopolítica mais ampla, que reúne tecnologias coloniais de produção do corpo-europeu-heterossexual-branco. Desse modo, o novo corpo masturbador, ameaçado por uma contaminação interna a seus próprios limites, opera também como uma metáfora fisiológica dos novos Estados modernos em pleno período de expansão colonial. A pele, submetida do mesmo modo que a fronteira a um processo imunológico de autoproteção e autodemarcação, transforma-se na superfície de registro das novas estratégias de formação dos Estados soberanos europeus. A mesma economia de regulação energética protege o corpo e o Estado-nação das "deploráveis manobras solitárias" que poderiam se transformar em um perigo para sua segurança e sua reprodução. Assim, por exemplo, na

França do século XIX, os movimentos antionanistas e higienistas irão interpretar a masturbação não só como um problema de "morbosidade individual", mas também como uma forma de patologia social, representando o masturbador como um "agente contaminador" no conjunto do corpo social que ameaça a sobrevivência da raça branca autóctone. Conforme destacou Vernon A. Rosario, produziu-se um deslizamento entre Tissot e a Restauração (1814-30): a imagem do masturbador passou da figura da jovem que deve ser protegida de seus vícios táteis para a imagem do masturbador adulto recalcitrante e perverso (talvez homossexual) cujo desinteresse pela reprodução da espécie poderia colocar em perigo o futuro da nação.[18]

As teorias da masturbação de Tissot irão alcançar a América no século XIX por meio das obras de Benjamin Rush[19] e Edward Bliss Foote,[20] que divulgam a teoria segundo a qual a masturbação impede o intercâmbio do "magnetismo animal" entre os sexos. Sylvester Graham e John Harvey Kellogg, líderes das indústrias emergentes Graham's Flour e Kellogg's Corn Flakes, contribuem para a aplicação de tais teorias da masturbação e para a fabricação de diversos aparelhos antionanistas. Durante esse período de industrialização, assistiremos a uma produção de diversos instrumentos tecnológicos dedicados a regular as práticas domésticas, uma produção da vida comum que vai do café da manhã aos regimes do tato sexual, dos flocos de milho da Kellogg's aos cintos antimasturbatórios.

Durante os séculos XVIII e XIX, predomina uma patologização do tato e uma preferência pela visão como o sentido mais apropriado ao conhecimento e à ação racional. O tato e a pele são os dois denominadores comuns às duas formas de "contaminação" venérea da época. A pele se transforma na superfície

 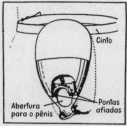 

Ilustrações feitas a partir das que acompanham as especificações das patêntes no *Annual Reports* do Feminino de Propriedade Industrial dos Estados Unidos: Willard F. Main, n. 798 611 (1905) e R.A. Sonn, n. 826 377 (1905).

de inscrição na qual os signos do desvio sexual se escrevem. As pústulas cutâneas são considerados os sinais visuais comuns ao vício masturbatório e à promiscuidade sexual do sifilítico. O diagnóstico de ambas as doenças implica reconhecer antes de tocar, e, portanto, requer uma forma de conhecimento sem tato. A pele parece trair a confidencialidade e a privacidade do novo corpo individual ao atuar como um tecido que permite a visualização e a exibição pública, ou então como um texto que permite a leitura dos atos sexuais do indivíduo, da masturbação à histeria, da homossexualidade à sífilis.[21] Os sinais faciais do "vício solitário" ou da *"corona veneris"* operam a tradução do tato em visão, um processo no qual a pele atua como "interface".[22] Desse modo, a pele burguesa europeia, ameaçada ao mesmo tempo pelo contágio sexual e pela contaminação colonial,[23] funciona como o suporte fisiológico de certa pornocartografia que permite ao olho ler, isto é, conhecer a história sexual de uma pessoa, através de um olhar decifrador, sem necessidade de tocar.

Uma análise fenomenológica dos objetos desenhados para evitar o contato evidencia o aparecimento de um novo órgão sexual, a mão, que ameaça a autonomia sexual dos órgãos genitais. Bullough identificou mais de vinte instrumentos diferentes cujo desenho teria por objeto prevenir a masturbação e que foram registrados como "cintos de castidade" ou como "instrumentos cirúrgicos" na U.S. Patent Office Records entre 1856 e 1917.[24] Entre esses aparelhos encontramos luvas noturnas para evitar o tato genital, ferros de cama para evitar a fricção dos lençóis contra o corpo, grilhões de contenção que impedem a fricção das duas pernas da jovem masturbadora, assim como toda uma variedade de cintos desenhados para evitar o tato na jovem e a ereção no jovem masturbador. Recomenda-se para os rapazes, por exemplo, a circuncisão, a perfuração da pele do prepúcio com um anel e, em casos extremos, a castração parcial. No tratamento da jovem masturbadora se aconselha queimar a parte interna das nádegas próxima ao sexo e, inclusive, em casos severos, a *clitorectomia*.

Bullough escreve que:

> os cintos femininos geralmente tinham uma malha de arame perfurada para que as meninas pudessem urinar através deles sem nunca se tocarem. Todos esses instrumentos eram presos na parte de trás, muitos com um cadeado para os quais apenas os pais tinham a chave. Para os homens, havia aparelho similares, mas o mais popular era uma capa dentada ajustável ao pênis. Se o pênis ficasse ereto, os dentes perfuravam a carne e tornavam qualquer ereção dolorosa. Cada avanço na tecnologia parecia levar a um novo tipo de dispositivo; os aparelhos que davam choques elétricos, por exemplo, surgiram no mercado após o desenvolvimento das baterias.[25]

O uso de alarmes elétricos que avisam em caso de ereção e de "polução noturna" se tornarão populares. A partir de 1925, a produção e a venda de tais aparelhos decai em número como resultado de uma análise das consequências patológicas da masturbação.

No entanto, as técnicas repressivas relacionadas à contenção do tato não devem ser reduzidas a dispositivos de poder que produzem posições de sujeito, em um sentido estritamente foucaultiano. Michel de Certeau destacou que toda tecnologia é um sistema de objetos, de utilizadores e de usos aberto à resistência e ao *détournement* (diversão, perversão, apropriação, queerização). David Halperin, seguindo as intuições de Foucault, denominou *práxis queer* esta forma de transformação de certas técnicas de dominação em técnicas de si, que hoje não hesitaríamos em denominar técnicas de construção de identidade.[26]

Toda técnica que faz parte de uma prática repressiva é suscetível de ser cortada e enxertada em outro conjunto de práticas, reapropriada por diferentes corpos e invertida em diferentes usos, dando lugar a outros prazeres e a outras posições de identidade. De fato, em meados do século xx, a maioria dessas técnicas vai se transformar em ritos de iniciação e em práticas que irão constituir sexualidades alternativas nas subculturas gay, lésbica e bdsm. A perfuração do prepúcio com um anel, por exemplo, reaparecerá na cultura gay e bdsm sob o nome de "Prince Albert".[27] Somente com duas diferenças: primeiro, o corpo, que até então era simples objeto da prática, pela primeira vez passa a ser sujeito, é ele próprio que decide sobre qual piercing, onde etc. E em segundo lugar, enquanto na literatura do século xix o anel aparece como um impedimento da ereção, na cultura do piercing é conhecido por seus efeitos de prolongação da ereção e do orgasmo.[28] Efetuou-se, portanto, uma reviravolta completa dos usos e das posições de poder que estes implicam em torno daquilo que é uma mesma técnica.

Por exemplo: uma revista americana de BDSM contemporânea dedicou um número completo às técnicas de "genitortura", entre as quais descreve a eletrotortura, a invasão da uretra, o piercing genital, o alargamento do pênis, o inchamento do escroto e a modificação cirúrgica da genitália. Entre as técnicas de eletrotortura, por exemplo, encontramos as chamadas *violet wands*, que "aplicam eletricidade estática sobre a região genital, mas especialmente sobre a glande", assim como diversas máquinas de choque elétrico comercializadas sob nomes como Relaxation, Walkmasters, Titilators, Cattle Prods e Stun Guns.[29] Esses aparelhos sexuais pertencem ao conjunto de técnicas de repressão, tais como os alarmes elétricos que avisam a quem está dormindo de uma possível ereção, ou os eletrodos empregados nos jovens masturbadores e homossexuais durante o século XIX. Como veremos adiante, eles mantêm uma afinidade tecnológica com os aparelhos utilizados na produção do orgasmo histérico por estimulação elétrica e "titilação" mecânica do clitóris.[30]

Todas essas técnicas (genitortura, aparelhos de restrição, cinta peniana) foram extraídas de tecnologias específicas do gênero (de produção da feminilidade ou da masculinidade heterossexual) e da espécie (de produção da normalidade humana ou da animalidade doméstica), assim como de suas práticas e discursos médicos, reprodutivos e morais, e recontextualizadas no interior de sistemas queer de relação corpo-objeto.

A prótese histérica ou a máquina orgástica

Se por um lado a masturbação foi condenada pela Igreja a partir do Renascimento, para depois ser patologizada pela medicina no século XVII e, em seguida, tecnicamente reprimida durante os séculos XIX e XX mediante o uso de aparelhos mecânicos (e mais tarde elétricos), a histeria, paralelamente, será construída como uma "doença feminina", e um conjunto igualmente numeroso de aparelhos será posto em funcionamento para permitir a produção técnica da chamada "crise histérica". Não posso, no entanto, me deter em uma análise histórica da histeria e dos diferentes modelos médicos — da melancolia à neurastenia, ou da frigidez à ninfomania — através dos quais ela será reconceitualizada. Em todo caso, não houve uma mudança expressiva no tratamento da histeria desde os tempos de Ambroise Paré, que em sua *Opera ostetrico-ginecologica* (1550) já propunha inserir um instrumento semelhante a um dildo na vagina para aplicação de *oleum nardum*,[31] até talvez o *Traité clinique et thérapeutique de l'hystérie* (1859) de Pierre Briquet, que anuncia ter encontrado o tratamento adequado da histeria graças ao que denominará "titilação do clitóris".[32] As primeiras terapias de titilação são manuais e consideradas longas e tediosas pelos médicos, nem sempre sendo recompensadas por uma "crise histérica".[33]

Como Rachel Maines mostrou em sua detalhada arqueologia das máquinas relacionadas ao orgasmo, o vibrador aparece como instrumento terapêutico pouco depois, em 1880, exatamente como uma mecanização desse trabalho manual.[34] O vibrador Weiss, por exemplo, era um aparelho eletromecânico que fazia massagens rítmicas tanto do clitóris e da região pélvica como de outros músculos que eram objeto do tratamento por vibração. John Harvey Kellogg, que, como já vimos, teria se debruçado sobre a produção industrial de aparelhos antimasturbação, vai contribuir também para a produção e comercialização dos primeiros vibradores elétricos nos Estados Unidos.[35]

John Butler, e não sua homóloga Judith, parece ter sido o criador do primeiro eletrovibrador manual de uso doméstico comercializado nos Estados Unidos, em fins do século xix. Os primeiros vibradores, como o famoso Chattanooga, eram excessivamente caros, pesados e de uso estritamente profissional, e por isso restritos ao contexto hospitalar. Por seu caráter doméstico, os vibradores contemporâneos, embora absolutamente diferentes na forma, situam-se em continuidade técnica e social mais com a máquina de Butler do que com o Chattanooga.

O diagnóstico da histeria e a obtenção do orgasmo como resultado de uma "crise histérica" eram associados a certa indiferença ou reação frígida ao coito heterossexual, o que podia estar relacionado com diversas formas de desvio sexual, sobretudo com uma tendência ao "lesbianismo". Em 1650, por exemplo, Nicolaus Fontanus já havia destacado que algumas mulheres que padeciam de histeria poderiam sofrer igualmente de "ejaculação", sintoma que, segundo Fontanus, colocava em perigo não só a saúde da histérica como também seu valor moral como mulher, uma vez que "aproxima o corpo feminino de certas funções do órgão viril". Do mesmo modo que um possível lesbianismo como causa subjaz a cada forma de histeria, cada tratamento de histeria parece incluir o risco de proporcionar à histérica uma forma de prazer que poderia conduzi-la ao lesbianismo. Robert Taylor escreve em 1905 que a histeria nunca deve ser tratada com um dildo ou algum outro "substituto do pênis", uma vez que sua utilização poderia causar "vaginismo" e lesbianismo. Durante a segunda parte do século XIX, a ideia de que o trabalho excessivo na máquina de costura (lembremos, às vezes recomendada como possível cura da histeria) poderia transformar "mulheres honestas que sofrem de histeria em lésbicas" era amplamente compartilhada.[36]

Torna-se urgente restringir os usos e as apropriações das novas máquinas, especialmente no momento em que os vibradores passam do espaço médico para ocupar o espaço doméstico, tradicionalmente reservado às mulheres. As máquinas pequenas e manejáveis (da máquina de costura ao telefone), desenhadas e produzidas pelos homens para regular o espaço doméstico e controlar as atividades de gênero que nele acontecem (costurar, cozinhar, limpar etc.), constituem um conjunto ambíguo de companheiros para as mulheres. Essas tecnologias são uma espécie de faca de dois gumes: por um lado, tecnologias de dominação e de reinscrição da função supostamente natural da mulher na sociedade, e, por outro, tecnologias de resistência no interior do espaço privado.[37]

Desse modo, os dois espaços terapêuticos da histeria são curiosamente a cama matrimonial e a mesa clínica. Dito de outro modo, a sexualidade e o prazer "femininos" se constroem no espaço de tensão e de encontro de ao menos duas instituições: o matrimônio heterossexual, na qual as mulheres estão sujeitas aos maridos, e as instituições médicas, nas quais estão sujeitas à hierarquia clínica na condição de pacientes. Durante o século XIX, a instituição do matrimônio parece se fortalecer como um espaço de reprodução, de economia doméstica e de transmissão de patrimônio, mas raramente como um espaço de prazer sexual. As tecnologias que estavam reservadas ao uso médico entram no espaço doméstico apenas a partir de

1910, através, geralmente, do curto-circuito dos aparelhos de higiene doméstica, como a ducha e o vibrador para massagem "familiar".

O QUE CONHECEMOS SOB O NOME de "orgasmo feminino" não é, pelo menos desde o século XVII, senão o resultado paradoxal do trabalho de duas tecnologias opostas de repressão da masturbação e de produção da "crise histérica". O prazer feminino sempre foi problemático, já que parece não ter uma função exata nem nas teorias biológicas nem nas doutrinas religiosas, segundo as quais o objetivo da sexualidade é a reprodução da espécie. Ao mesmo tempo, a sexualidade masculina será com frequência descrita em termos de ereção e de ejaculação, e raramente em termos de orgasmo. O prazer feminino era descrito como a crise que sobrevém a uma doença histérica, uma espécie de "paroxismo histérico" que deveria ser produzido em condições clínicas e, na maioria das vezes, com a ajuda de diversos instrumentos mecânicos e elétricos. O orgasmo, descrito desta maneira, é reconhecido como a crise sintomática de uma doença exclusivamente feminina e ao mesmo tempo como o clímax terapêutico de um processo balizado de esforços técnicos: massagem manual ou com vibrador, ducha de pressão... Nesse modelo do corpo, a paciente que se mostra indiferente às técnicas do coito heterossexual é descrita como "carente de energia sexual", energia que a máquina vibratória virá a suplementar. Por outro lado, na lógica repressiva da patologização da masturbação, o orgasmo é descrito como um "desperdício desnecessário", como uma perda fútil de energia corporal que deveria ser dedicada ao trabalho de produção ou de reprodução sexual e, ao mesmo tempo, como um resíduo contaminante e potencialmente portador de doença.

Assim, o orgasmo aparece como o ponto mais privado, o mais cegamente unido ao corpo individual e, simultaneamente, como o recurso mais político no qual se cruzam os braços de uma mesma tecnologia biopolítica. De um lado, a otimização das capacidades do corpo, de seus rudimentos, o incremento paralelo de sua utilidade e de sua docilidade, sua integração em sistemas de controle eficientes e econômicos; de outro, o estabelecimento dos mecanismos da sexualidade, que servem como base dos processos biológicos da reprodução heterossexual.[38]

O orgasmo reside no espaço de interseção de duas lógicas opostas. Ao mesmo tempo, doença e cura, desperdício e excesso. Ao mesmo tempo, veneno e remédio. O orgasmo é para a sexualidade o que, na leitura que Derrida faz de Platão, a escritura é para a verdade:[39] *phármakon*. Vício e excesso contra o qual é preciso lutar com instrumentos de repressão, mas também cura que só pode ser conseguida mediante a aplicação estrita de instrumentos mecânicos e elétricos. No corpo da jovem masturbadora, a repetição compulsiva do orgasmo representa um gasto excessivo de energia que, diz-se, produz a fraqueza e inclusive a morte. Ao contrário, no corpo da jovem histérica ou da viúva solitária, o orgasmo só chega com a ajuda da vibração, como uma espécie de descarga elétrica da qual o sujeito parece ser mais a máquina do que a mulher. No caso do delírio masturbatório, o orgasmo se assemelha a uma força animal, um instinto primitivo que deve ser de algum modo domesticado e disciplinado através de um regime severo de auto-observação e de autocontrole. No entanto, diante do corpo da histérica, o vibrador está desenhado para produzir o

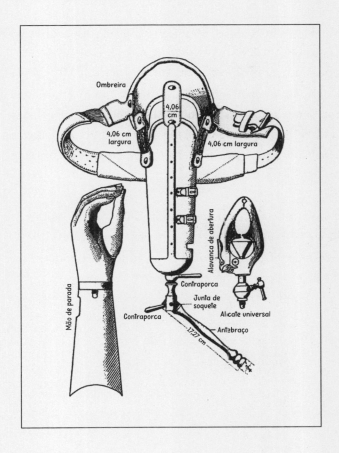

paroxismo histérico com uma precisão científica. O orgasmo é, desse modo e simultaneamente, a loucura que deve ser reprimida pela força e o resultado transparente do trabalho das técnicas mecânicas. O prazer masturbatório, como um subproduto, um resíduo de uma ruptura do equilíbrio energético do corpo, já anuncia, como sintoma, a presença de uma doença futura, seja a loucura ou a sífilis. No caso da mulher que jaz na mesa clínica sob o trabalho do vibrador, o orgasmo não procede da energia interior do corpo feminino, mas da adaptação, da sintonização do corpo e da máquina, isto é, da redução do prazer à sua resposta puramente mecânica. É a máquina que tem um orgasmo. Não há, portanto, nem responsabilidade sexual nem verdadeiro sujeito do prazer. Em ambos os casos, um traço comum subjaz a esses dois regimes de produção de prazer: o orgasmo não pertence ao corpo que o "atinge".

Situado no limite entre o corpo e o objeto inanimado, o dildo ocupa uma posição semelhante à do cinto antimasturbação ou à da máquina vibratória. Mas embora o dildo pareça estar relacionado com ambas as tecnologias de repressão e produção do prazer, ele entrecruza uma terceira tecnologia: aquela derivada dos implantes prostéticos. Para entender o dildo enquanto objeto é preciso examinar a evolução da prótese durante o século xx. Curiosamente, o período de explosão da fabricação dos vibradores, a partir do início do século, coincide com o momento em que a medicina começa a desenvolver numerosas próteses, sobretudo depois da Primeira Guerra Mundial.

A reconstrução prostética do corpo masculino marca a passagem de uma economia de guerra para uma economia de trabalho. A prótese efetua a transição entre o soldado e o novo trabalhador industrial do pós-guerra. Nesse processo, é a prótese da mão, e não a prótese do pênis, que se torna central na reconstrução da masculinidade. Na França, Jules Amar, diretor do laboratório militar de próteses de trabalho, está encarregado do acompanhamento profissional e médico dos soldados amputados.[40] Suas pesquisas em torno da fabricação da mão prostética vão levá-lo a desenhar e a produzir membros artificiais cada vez mais distantes da anatomia da mão, evoluindo rumo a uma prótese funcional e não mimética. Um exemplo é a prótese que Jules Amar denominará "o braço trabalhador", uma prótese básica dotada de vários acessórios, desde a "mão em repouso", uma imitação da mão, até a "pinça universal", sem semelhança alguma com uma mão natural. Se o desenho da mão em repouso responde a critérios estéticos e miméticos, os demais acessórios respondem a critérios de eficácia no trabalho em cadeia. As mãos prostéticas não só funcionavam como uma reconstrução do corpo "natural", mas também permitiam que o corpo masculino fosse incorporado à máquina como instrumento vivo ou acessório humano inteligente.

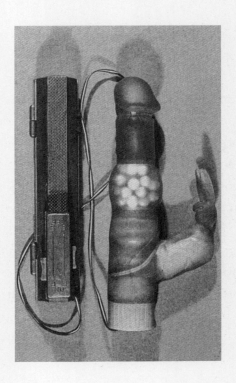

De maneira similar, podemos dizer que o dildo vibrador, que teve seu desenho e comercialização influenciados pelo movimento feminista americano dos anos 1960 e 1970, evoluiu como uma prótese complexa na mão lésbica, mais do que como uma imitação do pênis. Para se convencer disso, basta dar uma olhada no dildo Pisces Pearl, um dos campeões de venda da Good Vibrations[41] e da SH! (duas sex shops dedicadas exclusivamente a mulheres). O Pisces Pearl está relacionado, ao mesmo tempo, tanto com as tecnologias da vibração e da produção da "crise histérica" quanto com as técnicas prostéticas do dildo "mimético" (o chamado "pênis de plástico"). A eletrificação e a mecanização vão procurar na mão masturbadora a eficácia que lhe havia sido retirada por meio das tecnologias de repressão do onanismo. A mão masturbadora e o vibrador da histérica operam ambos como verdadeiros "interruptores" externos com relação ao circuito sexual, reconectando os órgãos genitais a órgãos e objetos não genitais e inclusive inorgânicos. Eles desencadeiam a produção do orgasmo fora de um contexto terapêutico e fora da relação heterossexual. O dildo vibrador é um híbrido da mão[42] com o vibrador do século XIX, como bem ilustra a imagem de Michael Rosen na qual se vê uma pessoa masturbando o próprio dildo com um vibrador.[43] Utilizado como um prolongamento vibrante do corpo, ele se afasta do modelo normativo do pênis e se aproxima de uma terceira mão dotada de precisão vibratória. Longe de se limitar a um efeito psicológico ou fantasmagórico, ou a uma única prática, esse órgão sexual sintético abre possibilidades inéditas de incorporação e descontextualização.

Breve genealogia dos brinquedos sexuais 123

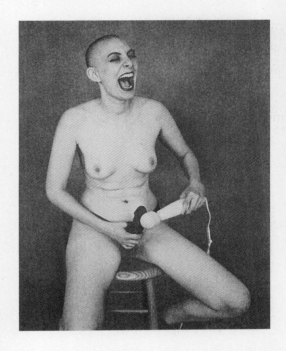

De um ponto de vista queer, seria necessário estabelecer uma narrativa da história sintética da sexualidade, na qual teríamos o espéculo (visão) e o pênis de um lado, e a mão (tato) e o dildo de outro. Da mesma maneira que o espéculo foi o instrumento de observação e representação por excelência do corpo das mulheres no espaço médico, o pênis foi o único órgão a quem foi concedido o privilégio masculino de penetração no leito conjugal. Em um sentido foucaultiano, o espéculo e o pênis funcionavam como verdadeiros dispositivos a serviço das tecnologias do biopoder, em cujo centro se encontrava o corpo feminino heterossexual. Com relação a essa tecnologia biopolítica, a mão e o dildo, longe de serem imitações falocêntricas, abrem, antes, linhas de fuga. O dildo vibrador é,

nesse sentido, uma extensão sintética da mão masturbadora/
lésbica que conheceu a luva e a corrente, mas também da mão
masturbadora/lésbica que conheceu o tato e a penetração. Por
último, a cinta peniana poderia ser considerada um órgão sexual sintético, ao mesmo tempo mão enxertada no tronco e
extensão plástica do clitóris.

Money *makes sex*, ou a industrialização dos sexos

A vagina de Adão

Pelo menos desde os anos 1970, a tecnologia médica se felicita de poder criar uma Eva a partir de Adão, ou melhor, Marilyn a partir de Elvis, mas o contrário aparentemente não funciona. Com escassas exceções,[1] as atuais técnicas cirúrgicas praticadas nos hospitais da Europa são incapazes de construir um pênis de aparência "normal" e "funcional". Na literatura médica, a faloplastia (a construção cirúrgica do pênis) se apresenta como o resultado de pelo menos quatro intervenções cirúrgicas mais ou menos complexas: sutura dos lábios vaginais, obtenção de tecidos da pele da perna e/ou do ventre, a partir dos quais se fabricará um enxerto de pênis, obtenção de uma veia — frequentemente da perna — e enxerto do pênis. Apesar do risco que essa série de operações carrega (como a perda da mobilidade do braço ou da perna, por exemplo), até agora as equipes responsáveis pela cirurgia transexual mostravam-se contentes com uma operação que oferecia "resultados cosméticos medíocres", afirmando que um transexual deveria se conformar com o sexo que deseja, mesmo que ele tenha aparência "grotesca".[2]

Em compensação, desde finais da década de 1980, existem diversas técnicas cirúrgicas que permitem construir "órgãos

genitais femininos" sem que seja possível distingui-los dos órgãos que chamamos "normais". Mas se atentarmos para o plano estritamente discursivo das práticas médicas, veremos que a medicina não fala em construção da vagina, e, sim, mais precisamente, da possibilidade de transformar ("invaginar") um pênis em uma vagina. Como se o pênis tivesse naturalmente a possibilidade de um "devir-vagina", para declinar a célebre fórmula de Deleuze.[3]

Tomarei aqui como exemplo a técnica de vaginoplastia que a bem reputada clínica de cirurgia estética St. Joseph, de Montreal, propõe em seu folheto publicitário. A cirurgia é descrita como uma técnica simples de "inversão da pele do pênis" que consiste em esvaziar o corpo cavernoso do pênis, para depois inverter o tecido "fálico" até formar uma vagina. Primeira etapa: realiza-se uma incisão na pele do pênis e dos testículos, de tal maneira que se possa recuperar os tecidos para construir as paredes internas da vagina. Segunda etapa, ainda hoje denominada "castração": extirpam-se os testículos, realiza-se uma incisão na parte superior do pênis, para assim fazer com que a pele deslize para baixo. O cirurgião prepara, com o dedo, um espaço para a vagina entre a bexiga e o reto. Terceira etapa: constrói-se o clitóris a partir do corpo cavernoso, esperando (com sorte) recuperar um máximo de superfície de excitação. Um cateter urinário é colocado na bexiga. Dá-se a volta na pele do pênis e empurra-se ela para o interior. Completa-se, se for necessário, com um enxerto da pele do escroto. Quarta etapa: coloca-se um molde, que tem a forma de um pênis, no lugar reservado à vagina.

Se esse processo é executado como uma invaginação do pênis é porque, no discurso médico heterossexual, a masculinidade contém em si mesma a possibilidade da feminilidade como inversão. A coexistência potencial dos dois sexos no interior do pênis prova que é um modelo hermafrodita original que fundamenta a sexualidade masculina heterossexual e, consequentemente, por derivação, a sexualidade masculina homossexual. No que se deveria chamar de a mitologia heterossexual da diferença sexual, o homem, o macho, não pertence à família do animal vivíparo (que precisa de um útero para se reproduzir), mas estabelece uma filiação hermafrodita secreta com a ordem vegetal e animal inferior. De fato, as técnicas de produção da masculinidade e da feminilidade estão cheias de truques: a masculinidade se realiza segundo um modelo hermafrodita que permite a passagem "natural" do pênis para a vagina, enquanto a feminilidade obedece a um modelo de produção do sexo irreversível, um modelo prostético, no qual um pedaço de braço ou de perna pode ser transformado em pênis.

A especificidade do modelo hermafrodita da masculinidade reside, pois, na supressão do útero com fins reprodutivos. Os machos pertencem à raça subterrânea dos caracóis, das sanguessugas, das lombrigas. Seu sexo é aparentemente "normal", isto é, absolutamente diferenciado do outro sexo (o que a biologia denominará "gonodal"), mas ainda assim possui uma fisiologia dupla entranhada que já contém em germe os órgãos sexuais da fêmea. Paradoxalmente, portanto, para produzir sexos separados, "gonodais", foi preciso passar pelo modelo hermafrodita. Emprego o termo "gonodal" de propósito, pois já está na hora de destacar a artificialidade e o lado estranho da construção da normalidade segundo o discurso médico. Quando se emprega o termo "normal" para designar tudo aquilo que não é hermafrodita, intersexual, também se poderia dizer "gonodal". A fabricação da heterossexualidade depende do sucesso da construção destes sexos gonodais, binários, diferenciados.

Em resumo, se atentarmos para as tecnologias utilizadas na cirurgia transexual, não é necessário construir uma vagina: basta encontrar a vagina que já está no interior do pênis. Um pênis pode "devir vagina". Mas de acordo com a mesma tecnologia que produz a diferença sexual, não há um devir-pênis na vagina. Qual é a razão dessa assimetria tecnológica? Quais são os processos de reversibilidade e de irreversibilidade graças aos quais se constrói a diferença sexual? Qual é a relação constitutiva que existe entre masculinidade, heterossexualidade e hermafroditismo?

Uma análise detalhada das técnicas médicas implicadas na atribuição do sexo, isto é, relacionadas com a tomada de decisão que permite afirmar que um corpo é macho ou fêmea, revela, melhor do que qualquer outro discurso, os modelos de construção do gênero segundo os quais a tecnologia (hetero) sexual opera: o tratamento reservado pela medicina aos chamados bebês "intersexuais" (descritos como corpos que apresentam "características" dos dois sexos ou que eventualmente poderiam apresentar uma evolução para o sexo oposto ao sexo aparente), as tecnologias utilizadas na determinação do sexo, a etiologia pré-natal, a amniocentese, a ecografia, a citologia, a análise cromossômica, a avaliação hormonal (e a prescrição de gonadotrofina, esteroides etc.), os exames genitais (da apalpação à radiografia), assim como o conjunto de procedimentos cirúrgicos destinados a reduzir ou a erradicar toda ambiguidade sexual.

A tecnologia sexual é uma espécie de ✂ "mesa de operações" ✂ abstrata[4] na qual se leva a cabo o recorte de certas zonas corporais como "órgãos" (sexuais ou não, reprodutivos ou não, perceptivos ou não etc.): a boca e o ânus, por exemplo, são designados como o ponto de entrada e o ponto de saída sem os quais o aparelho digestivo não pode encontrar sua coerência como sistema; a boca e o ânus raramente são designados como partes do sistema sexual/reprodutivo. Sobre essa mesa de dupla entrada (masculino/feminino) se define a identidade sexual, sempre e a cada vez, não a partir de dados biológicos, mas com relação a um determinado *a priori* anatômico-político, uma espécie de imperativo que impõe a coerência do corpo como sexuado.

Por trás da pergunta "é menino ou menina?" esconde-se um sistema diferenciado que fixa a ordem empírica tornando o corpo inteligível graças à fragmentação ou à dissecação dos órgãos, a um conjunto de técnicas visuais, discursivas e cirúrgicas bem precisas que se escondem atrás do nome "atribuição de sexo". As operações mais conhecidas como cirurgia de mudança de sexo e de reatribuição sexual, popularmente estigmatizadas como casos-limite ou exceções estranhas, não passam de mesas secundárias nas quais se renegocia o trabalho de recorte realizado sobre a primeira ✂ mesa de operações ✂ abstrata pela qual todos nós passamos. A própria existência das operações de reatribuição ou mudança de sexo, assim como os regimes de regulação legal e médico que estas suscitam, são a prova de que a identidade sexual ("normal") é sempre e em todo caso o produto de uma tecnologia biopolítica custosa.

É como se entre o primeiro nível institucional de atribuição sexual (médico, jurídico, familiar) e a ordem socioanatômica produzida por este primeiro nível tivesse sido necessário criar uma mesa de operações intermediária, na qual se efetua a regulação e o recorte dos casos problemáticos, atípicos, anormais; dito de outra maneira, casos nos quais o corpo questiona a ordem heterossexual.

Invertido. Travesti. Intersexual. Transexual... Todos esses nomes falam dos limites e da arrogância do discurso heterocêntrico sobre o qual as instituições médicas, jurídicas e educativas se assentaram durante os dois últimos séculos. Eclipsadas após o feminismo burguês e os movimentos de liberação homossexual, as demandas específicas de transexuais e intersexuais não se fizeram ouvir nos Estados Unidos até 1994.[5] Na Europa, apesar das pressões do corpo médico, hoje começam timidamente a se organizar.

Vaginoplastia (reconstrução cirúrgica da vagina), faloplastia (construção cirúrgica do pênis com a ajuda de um enxerto de pele proveniente de outra parte do próprio corpo, como o antebraço ou a coxa), aumento e modificação da forma do clitóris graças à administração local de testosterona, remoção do pomo de Adão, mastectomia (remoção dos dois seios, geralmente seguida da reconstrução do peito e construção de dois mamilos a partir do enxerto de um único mamilo cortado), histerectomia (remoção do útero): enquanto lugares de renegociação, as operações de mudança de sexo parecem resolver os "problemas" (as "discordâncias" entre sexo, gênero e orientação sexual...). Mas, de fato, transformam-se nos cenários visíveis do trabalho da tecnologia heterossexual; evidenciam a construção tecnológica e teatral da verdade natural dos sexos.

O conjunto desses processos de "reatribuição" não é senão o segundo recorte ✂, a segunda fragmentação do corpo. Esta não é mais violenta do que a primeira, é simplesmente mais *gore*, e sobretudo mais cara. A proibição de mudança de sexo e gênero, a violência que essas operações frequentemente carregam e seu elevado custo econômico e social devem ser compreendidos como formas políticas de censura sexual.

Esses intersexuais... como você e eu

A primeira fragmentação do corpo, ou atribuição do sexo, ocorre mediante um processo que chamarei, seguindo Judith Butler, de invocação performativa. Nenhum de nós escapou dessa interpelação. Antes do nascimento, graças à ultrassonografia — uma tecnologia célebre por ser descritiva, mas que não é senão prescritiva —, ou na própria ocasião do nascimento, foi-nos atribuído um sexo feminino ou masculino. O ideal científico consiste em evitar qualquer ambiguidade fazendo coincidir, se possível, nascimento (talvez, no futuro, inclusive fecundação) e atribuição de sexo. Todos nós passamos por essa primeira mesa de operações performativa: "é menina!" ou "é menino!". O nome próprio e seu caráter de moeda de troca tornarão efetiva a reiteração constante dessa interpelação performativa. Mas o processo não para aí. Seus efeitos delimitam os órgãos e suas funções, sua utilização "normal" ou "perversa". Se a interpelação é performativa, seus efeitos são prostéticos: ela fabrica corpos.

Esse momento prostético que, insisto, acontece sempre e em cada caso, aparece mais claro nas operações de transexualidade: uma vez que a atribuição de sexo se produziu, qualquer mudança de denominação exige, literalmente, o recorte físico do corpo. Esta "segunda reatribuição" situa o corpo em uma nova ordem de classificação e redesenha, literalmente, os órgãos (já vimos até que ponto a obsessão da cirurgia vai para encontrar um órgão dentro de outro), sem deixar nada ao acaso, de tal maneira que se produza uma segunda coerência, que deve ser tão sistemática, isto é, tão heterossexual quanto a primeira.

A mesa de atribuição da masculinidade e da feminilidade designa os órgãos sexuais como zonas geradoras da totalidade do corpo, sendo os órgãos não sexuais meras zonas periféricas. Isto é, a partir de um órgão sexual preciso, esta epistemologia abstrata do "humano" nos permite reconstruir a totalidade do corpo. O corpo só tem sentido como sexuado, um corpo sem sexo é monstruoso. Segundo essa lógica, a partir de um órgão periférico (o nariz, a língua ou os dedos, por exemplo) é impossível reconstruir a totalidade do corpo como sexuado. Assim, os órgãos sexuais não são apenas "órgãos reprodutores", no sentido de permitirem a reprodução sexual da espécie, mas são, também, e sobretudo, "órgãos produtores" da coerência do corpo como propriamente "humano".

Os chamados corpos "intersexuais" comprometem o trabalho mecânico da mesa de atribuição dos sexos, minam secretamente a sintaxe segundo a qual a máquina sexual produz e reproduz corpos. Os bebês intersexuais representam uma ameaça, alteram a fronteira para além da qual há diferença, e aquém da qual há identidade. Eles põem em xeque o automatismo performativo da mesa de operações. Evidenciam a arbitrariedade das categorias (identidade e diferença, macho/fêmea) e a cumplicidade que essa categorização estabelece com a heterodesignação dos corpos. Mas onde se encontram e quais são realmente as partes genitais e geradoras? Como nomear o que se vê? Como fazer um órgão a partir de um nome?

Curiosamente, as tecnologias postas em funcionamento para a atribuição do sexo no caso das crianças intersexuais respondem à mesma lógica das que são utilizadas no caso das pessoas transexuais. Ante uma incompletude (corpos sem vagina ou sem pênis visualmente reconhecíveis) ou um excesso (corpos que combinam as características sexuais supostamente femininas e masculinas), a mesa de atribuição do sexo vai funcionar de novo, mas dessa vez como uma verdadeira ✂ mesa de operações ✂ por meio de implantes, enxertos e mutilações que podem se suceder até a adolescência. Desse modo, o que eu chamei de centro gerador da identidade sexual se constrói de maneira exclusiva e excludente: é preciso escolher, obrigatória e unicamente, entre duas variáveis, ou masculina ou feminina. Não é estranho que uma das narrativas mais frequentes em torno do nascimento e da atribuição de sexo no caso de um bebê intersexual seja uma ficção na qual o corpo do bebê hermafrodita se desdobra em dois corpos gêmeos, mas de sexos diferentes, que se resolve com a morte trágica, mas tranquilizadora, de um deles. *Sex making = Sex killing.* Suzanne Kessler, que estudou o processo de tomada de decisão em casos nos quais a atribuição de sexo é "problemática", fala desta narrativa: "Os pais de uma criança hermafrodita contavam para todo mundo que haviam tido gêmeos, um de cada gênero. Uma vez atribuído o gênero, difundiam a notícia de que a outra criança havia morrido".[6]

Os protocolos de gestão de crianças intersexuais repousam sobre a teoria desenvolvida em 1955 por John Money (professor de psicopediatria do hospital universitário John Hopkins de Nova York) e pelo casal Hampson, e posta em prática pouco tempo depois pelo próprio Money e por Anke Ehrhardt. Curiosamente, a mesma teoria que defende a diferença sexual como normal e natural repousa sobre uma hipótese puramente construtivista (e isso antes de o construtivismo ser utilizado nas argumentações feministas). A conclusão à qual chegava Money em 1955 não podia ser, aparentemente, mais revolucionária: o gênero e a identidade sexual são modificáveis até os dezoito meses de idade.

A teoria da atribuição de sexo, produzida quase completamente por Money, não suscitou nenhuma reação crítica no seio da comunidade científica. A única crítica emana dos estudos feministas que Suzanne Kessler conduzirá em 1978, assim como, atualmente, do emergente movimento intersexual americano. Como poderíamos supor, Money é igualmente uma figura prescritiva em matéria de psicologia transexual. A partir dos anos 1950, sua autoridade em matéria de atribuição sexual do recém-nascido e de reconstrução sexual é tamanha que podemos afirmar sem sombra de dúvida que, pelo menos nos países ocidentais do norte "desenvolvido", "Money makes sex". Nesse sentido, os corpos sexuais que temos são produto de um estilo e de um desenho preciso que poderia ser chamado de "moneísmo".

Como vamos ver, a eficácia do modelo de Money e seu sucesso há cinquenta anos são o resultado da combinação estratégica de duas linguagens, de duas epistemologias que serão utilizadas para descrever o corpo: a análise cromossômica e o juízo estético.

Se você faz parte dos que pensam que a transexualidade e as operações de mudança de sexo são contranaturais e extraordinárias, dê uma olhada nas regras aplicadas regularmente para a atribuição de sexo do recém-nascido na Europa e nos Estados Unidos.

Para dar uma de médico atribuidor, muna-se, antes de mais nada, de sua lista de definições:

xx: geneticamente feminino. Segundo a medicina atual, um corpo é considerado geneticamente feminino se tem uma combinação cromossômica que possui dois cromossomos X, sem cromossomos Y.

xy: geneticamente masculino. Segundo a medicina atual, um corpo é considerado geneticamente masculino se tem uma combinação cromossômica que possui pelo menos um cromossomo Y.

CLITOPÊNIS: na linguagem da atribuição sexual, pequeno órgão que se parece com um clitóris, mas que tem o potencial de se transformar em pênis.

MICROPÊNIS: na linguagem da atribuição sexual, pequeno pênis, mas bem formado.

MICROFALO: na linguagem da atribuição sexual, pequeno pênis malformado difícil de reconhecer como tal, mas que não deve se confundido com um clitóris.

PÊNIS-CLITÓRIS: na linguagem da atribuição sexual, um grande clitóris que não deve, por sua vez, ser confundido com um pequeno pênis.

Os corpos que se apresentam ante uma exploração visual como "intersexuais" são submetidos a uma longa série de operações genitais que duram até o momento da pré-adolescência. Segundo o modelo de Money, se o recém-nascido intersexual, depois da análise cromossômica, é considerado geneticamente feminino (XX), a cirurgia intervém para suprimir os tecidos genitais que poderiam ser confundidos com um pênis. A reconstrução da vulva (junto com a redução do clitóris) começa geralmente aos três meses. Se o órgão visível se parece com o que a terminologia médica chama de um pênis-clitóris, essa operação implica, na maioria dos casos, a mutilação do clitóris.

Mais tarde, a reconstrução se completa com uma operação de formação do "canal vaginal" heterossexualmente definido, isto é, a abertura de um orifício que será capaz de receber, no futuro, um pênis durante o coito. Nos casos nos quais o "canal vaginal" (isto é, o que se considera como o canal suscetível de receber um pênis) não se encontra longe de seu lugar habitual, a vaginoplastia (similar à praticada nos transexuais) é realizada entre um e quatro anos de idade. Geralmente o canal vaginal se fixa de modo definitivo quando o crescimento termina, depois da "feminilização" do corpo púbere, provocada hormonalmente com a ajuda de estrógenos.[7]

Os processos de construção do canal vaginal nas meninas intersexuais não são simplesmente destinados à produção de um órgão. Dirigem-se, sobretudo, à prescrição das práticas sexuais, uma vez que se define como vagina única e exclusivamente aquele orifício que pode receber um pênis adulto. É claro que Money não havia pensado que algumas dessas meninas intersexuais seriam sapatões e reclamariam mais adiante o uso alternativo de seus órgãos. A violência e a carga prescritiva das operações de atribuição de sexo permitem colocar em perspectiva a mítica afirmação de Monique Wittig de que "as lésbicas não têm vagina". O que esta frase aparentemente incoerente implica é que, dada a relação de causa e efeito que une os órgãos e as práticas sexuais em nossas sociedades heteronormativas, a transformação radical das atividades sexuais de um corpo implica de algum modo a mutação dos órgãos e a produção de uma nova ordem anatômico-política. O novo movimento intersexual demanda, hoje, exatamente o direito de viver e de transar em uma ordem anatômico-política diferente da heteronormativa.

Vejamos agora um caso de atribuição masculina. Se o recém-nascido intersexual dispõe de uma configuração cromossômica que possui pelo menos um cromossomo Y, será considerado geneticamente masculino. Nesse caso, o problema consiste em saber se o chamado "tecido fálico" é suscetível ou não de reagir positivamente a um tratamento hormonal à base de andrógenos que aumente o tamanho do microfalo ou do micropênis. Mas o corpo do bebê se enfrenta com um juízo visual que relegará as análises cromossômicas à categoria de verdades secundárias. Os critérios de "longitude", de "tamanho" e de "aparência normal" dos genitais substituirão os critérios que regem os testes cromossômicos.

Esses procedimentos médicos esperam poder restituir um suposto momento original de reconhecimento no qual a nominação do corpo como masculino ou feminino coincide com a primeira imagem que nós fazemos dele, seja mediante uma visualização intrauterina (ultrassonográfica) ou extrauterina (na ocasião do nascimento). A cirurgia pediátrica vem, na realidade, para resolver as contradições que surgem entre duas ordens de verdade: as combinações cromossômicas e a aparência do tecido genital. Mas a regra de ordenação do corpo intersexual é fundamentalmente visual e não cromossômica. Como se os olhos fossem finalmente os encarregados de estabelecer a verdade do gênero verificando a correspondência entre os órgãos anatômicos e uma ordem sexual ideal binária. Dito de outro modo, não somos capazes de visualizar um corpo fora de um sistema de representação sexual heterocêntrico.

Em todo caso, esses procedimentos de atribuição sexual asseguram a inclusão de todo corpo em um dos dois sexos/gêneros num quadro de oposição excludente. A presença de opostos incompatíveis no corpo do recém-nascido intersexual é interpretada como uma anomalia, inclusive como uma fixação na evolução do feto que, em seu desenvolvimento, passa por um momento de indiferenciação do tecido genital. Para

Money, Green e Ehrhardt, a intersexualidade é ou um caso de regressão ou um caso de evolução patológica do feto. Mas em nenhum caso Money admite que essas ambiguidades anatômicas possam pôr em xeque a estabilidade da ordem sexual. Elas não constituem um terceiro sexo, ou melhor, um sexo n+1. Ao contrário, reforçam a estabilidade da ordem sexual. Os órgãos intersexuais são descritos como "ruins", "subdesenvolvidos", "malformados", "inacabados", isto é, em nenhum caso como órgãos verdadeiros, mas como exceções patológicas que vêm para confirmar a normalidade. Como o gênio maligno de Descartes, os órgãos sexuais malformados enganam, colocam armadilhas à percepção e geram um juízo errôneo sobre os gêneros. Só a tecnologia médica (linguística, cirúrgica ou hormonal) pode reintegrar os órgãos à ordem da percepção, fazendo-os corresponder (como masculinos ou femininos) com a verdade do olhar, de maneira que mostrem (no lugar de esconder com malignidade) a verdade do sexo. Na realidade, a normalidade estética e funcional dos órgãos sexuais é o resultado da aplicação sistemática desses critérios arbitrários de seleção.

Segundo Kessler, os critérios de atribuição do sexo não são científicos e sim estéticos, porque a visão e a representação assumem o papel de criadores da verdade nesse processo. A visão faz a diferença sexual. No caso da mudança de sexo, as transformações impostas às pessoas transexuais são regidas pelos mesmos critérios estéticos (de fato, muitas das faloplastias e vaginoplastias são realizadas em centros de cirurgia estética). Só recentemente, e diante da pressão das associações transexuais, intersexuais e transgênero, esses critérios estéticos foram questionados. Assim, por exemplo, hoje sabemos que a maioria dos transexuais F2M, que passam de mulher a homem, quando podem escolher, optam por uma metoidioplastia (isto é, o aumento do clitóris em até quatro centímetros) em vez de correr o risco de uma faloplastia. Também sabemos hoje que, contra as previsões médicas que esperam reconduzir os gays e lésbicas para a heterossexualidade por meio de operações transexuais, muitos transexuais F2M vivem como gays depois da operação, e muitas transexuais M2F viverão sua vida de mulher como lésbicas.

Do ponto de vista contrassexual, critério científico e critério estético trabalham em uníssono em matéria de reatribuição do sexo a partir do momento em que dependem de uma única ordem político-visual: qualquer corpo sem partes genitais externas suficientemente desenvolvidas, ou que não possam ser reconhecidas visualmente como pênis, será sancionado e identificado como feminino.

Tal como mostram os casos de reatribuição para o gênero feminino dos recém-nascidos geneticamente "masculinos" sem pênis ou dotados de um pênis excessivamente pequeno, a verdade do sexo é decidida em função da adequação a critérios heterossociais normativos, de acordo com os quais a produção de um "indivíduo incapaz de ter relações heterossexuais genitais"[8] é, para Money, o pior erro que se poderia cometer em matéria de atribuição e de reatribuição de sexo.

O trabalho de atribuição do sexo dos recém-nascidos intersexuais começa por um processo de sexualização/denominação: um órgão recebe o nome de clitopênis, pênis-clitóris, microfalo ou micropênis não em função da descrição dos órgãos existentes, mas em função do sexo que se quer fabricar. O nome de um órgão sempre tem valor prescritivo.

Se o recém-nascido é cromossomicamente XY, isto é, é considerado geneticamente "macho", seu tecido genital será denominado microfalo ou micropênis, ou inclusive clitopênis, de forma que mostre seu potencial de "devir pênis". Nesse caso, todas as avaliações médicas servirão para averiguar se os órgãos sexuais têm ou podem adquirir a aparência de um pênis de tamanho normal capaz de ter ereções (independentemente de sua capacidade reprodutiva).

Se o recém-nascido reage positivamente ao teste hormonal — seu órgão cresce —, será utilizado um tratamento local à base de testosterona para que se desenvolva um pequeno pênis. Se o recém-nascido XY permanecer insensível à terapia hormonal, isso constituirá uma contradição impossível para o discurso médico: estamos diante de um bebê geneticamente masculino, mas sem pênis ou, melhor ainda, "sem pênis suficiente" (um pênis que mede menos de dois centímetros depois do tratamento hormonal). Admitir essa contradição significaria que a coerência do corpo sexuado e, portanto, da identidade sexual pode ser alcançada sem um centro gerador (sexo = órgão sexual), ou então que existe uma ordem sexual alheia à coerência dos órgãos.

Por isso, Money e seus colegas pensaram que era muito mais prudente evitar as eventuais "crises de identidade" que o micropênis ou o pênis de pequeno tamanho poderia colocar em um bebê "macho" reatribuindo a maior parte desses recém-nascidos ao gênero feminino. Neste caso, o microfalo é definido como pênis-clitóris, que será posteriormente seccionado e transformado mediante uma vaginoplastia completa. Para Money, então, "o masculino" não está definido por um critério genético (possuir um cromossomo Y e um X) ou pela produção de esperma, mas por um critério estético, o fato de ter uma protuberância pélvica "do tamanho apropriado". Como resultado dessa política do centímetro, na ausência de um pênis bem formado e do tamanho mínimo exigível, a maior parte dos bebês intersexuais XX ou XY são atribuídos ao gênero feminino. Somente quando o recém-nascido é XX e apresenta um pênis de tamanho normal e bem formado é que a medicina parece considerar a possibilidade de uma reatribuição para o sexo masculino. Conforme Money, a "castração" de um pênis "normal" é difícil de explicar para os pais, e "a masculinização das estruturas do cérebro no estado fetal predispõe, invariavelmente, o bebê a desenvolver um comportamento masculino, mesmo se for educado como uma menina".[9] Talvez Money esteja falando da dificuldade de explicar ao pai e à mãe do bebê que o corpinho que dorme em seu berço é uma *baby sapatão* em potencial. Persuadido da necessidade de não dar nenhum benefício à dúvida, Money confiará na capacidade do pênis de provocar uma identidade masculina, inclusive se se tratar de um corpo cromossomicamente feminino.

PODEMOS DIZER QUE O caso dos bebês intersexuais mobiliza quatro tecnologias. Em nível epistemológico, "os intersexuais" opõem (e ao mesmo tempo operam) uma tecnologia genética essencialista e uma tecnologia cirúrgica construtivista. Em nível institucional, opõem (e põem para colaborar) as tecnologias de transformação e as tecnologias de fixação ou de repetição dos sexos. As primeiras pertencem ao espaço do hospital e são a condição de possibilidade da produção dos corpos sexuais que denominamos normais (entre outras tantas tecnologias que propiciam a passagem da doença à saúde, da monstruosidade à normalidade). As segundas, que incluem instituições públicas e privadas como a escola ou a família, garantem a constância do trabalho de sexualização e "generização".

Devido à tensão entre essas tecnologias, que por vezes se opõem e por vezes se complementam, o fator tempo é crucial em matéria de atribuição de sexo. O fato de que o sexo/gênero possa ser atribuído relativamente tarde, isto é, que possa existir um lapso de tempo entre o nascimento e a atribuição, revela suficientemente o caráter contingente das decisões e das escolhas que entram em jogo nas tecnologias de produção de verdade do sexo. Assim, por exemplo, as instituições e o discurso médico sofrem a pressão da "data-limite" em matéria de atribuição de sexo, já que as instituições domésticas e escolares não podem fazer seu trabalho mecânico e reprodutivo de ressexualização e de regenerização de um corpo intersexual. Os pais, por outro lado, não são os últimos a exigir que os médicos determinem rapidamente o sexo de seu bebê, apesar das ambiguidades morfológicas ou cromossômicas. Um médico confessou a Kessler a pressão que a família exerce no processo de atribuição de sexo: "Os pais precisam voltar para casa para desempenhar sua tarefa de pais e para educar seu filho sabendo claramente se estão diante de uma menina ou de um menino".[10] Agora, pela primeira vez, é preciso contemplar uma paternidade queer que não exija sexo e gênero para estabelecer laços de filiação e educação.

Se Money afirma que a identidade sexo/gênero é modificável até aproximadamente os dezoito meses (embora os tratamentos hormonais e cirúrgicos prossigam inclusive depois da puberdade), não é porque não existe a possibilidade de mudança depois dessa idade (como as cirurgias de mudança de sexo e de reatribuição nas pessoas transexuais suficientemente provam), mas porque o discurso médico não pode lidar com as consequências políticas e sociais da ambiguidade ou da fluidez sexual para além da tenra infância. Por isso, segundo Money, o sexo deve ser atribuído o mais rápido possível, o que com frequência quer dizer imediatamente, à primeira vista. E isso, de maneira decisiva e irreversível.

O desenvolvimento da cirurgia estética e da endocrinologia, a construção técnica da feminilidade, tanto no caso da transexualidade como na hipersexualização de mulheres siliconadas, o desenvolvimento de técnicas de reprodução in vitro e a imposição da aparência e do tamanho do pênis como critério para a atribuição do sexo na primeira infância são alguns dos elementos que me levaram a identificar uma mudança no sistema sexo/gênero a partir dos anos 1950 e a esboçar dois modelos de produção do sexo. O primeiro se funda sobre a divisão do trabalho sexual e do trabalho reprodutivo, e corresponde ao período do capitalismo industrial. Esse modelo, que data do século xviii, identifica o sexo com a reprodução sexual e está fundamentado no útero. O segundo modelo, correspondente ao capitalismo pós-industrial, caracteriza-se pela estabilidade do pênis como significante sexual, pela pluralidade das performances de gênero e pela proliferação das identidades sexuais que coexistem com o imperialismo e a globalização do pênis. Esse modelo, que rege, por exemplo, a representação da sexualidade na pornografia heterossexual, identifica o sexo com a aparência dos órgãos sexuais, especialmente com o pênis e com seu funcionamento ótimo. Essa é a ordem do Viagra e do orgasmo a qualquer preço. Esses dois modelos produzem dois sonhos paranoicos gerados pela ordem heterocêntrica. Duas utopias/distopias que são, no entanto, a expressão da fundação estrutural do sistema: a "família matriarcal" e o gueto "homossocial" masculino. É importante destacar que embora os modelos tenham surgido em épocas diferentes, em nossos dias eles não se excluem mutuamente, mas se sobrepõem.

No século XIX, a presença ou a ausência de ovários era o critério fundamental do discurso médico para a atribuição de sexo nos casos qualificados na época como hermafroditismo. Nessa economia dos órgãos, a ordem sexo/gênero reflete a divisão do trabalho reprodutivo. Qualquer corpo, com ou sem pênis, será atribuído como feminino se for suscetível de gravidez e parto. O modelo sexo = reprodução sexual = útero produz a utopia/distopia da "família matriarcal": um paraíso da reprodução no qual a presença do homem se reduz à circulação e ao intercâmbio de esperma, e que idealmente tende à transmissão de material genético de uma mulher a outra, gerando um útero global em que as mães reprodutoras trabalham sem cessar.

Como sugere o estudo dos protocolos de John Money, a partir dos anos 1950 a atribuição ao gênero feminino é sempre uma possibilidade para os corpos geneticamente machos ou fêmeas, enquanto a atribuição ao sexo masculino é reservada aos corpos que apresentam cromossomos XY ou XX com pênis de aparência normal. O modelo sexo = performance sexual = pênis produz a utopia/distopia do gueto homossocial masculino: um paraíso sexual de pênis eretos. Essa utopia/distopia é a fundação/fobia das sociedades fortemente homossociais, nas quais o capitalismo pós-industrial parece prometer a transformação de qualquer valor econômico em pênis, e vice-versa (cf. capítulo "A lógica do dildo").

Nesse segundo modelo, o discurso médico administra a (re) atribuição de sexo em função do que chamarei de "tabu do dildo". A regra de ouro da atribuição de sexo segundo Money deixa bem clara a proibição que estrutura esse dito tabu: "Jamais atribua a um recém-nascido o gênero masculino, não o eduque como menino, nem lhe aplique uma terapia hormonal ou cirúrgica enquanto menino se a estrutura fálica no nascimento não tiver pelo menos o mesmo tamanho que teria nos meninos de mesma idade".[11]

O tabu do dildo consiste em proibir que um corpo feminino possa ter um clitóris ou alguma outra parte genital externa que visualmente possa passar por uma espécie de "pênis". Dito de outro modo, o tabu do dildo, na atribuição como na mudança de sexo, proíbe a construção tecnológica de um pênis. Novamente, encontramos a assimetria que existe na construção social dos gêneros nas tecnologias médicas de construção e de mudança de sexo. Essa é a razão pela qual é possível afirmar que, nos discursos médicos e legais contemporâneos, o pênis adquire um caráter quase transcendental, situando-se para além de todos os artifícios, como se fosse a única Natureza. É exatamente nesse reino da naturalidade do pênis que o dildo irrompe como "um espectro vivo".

Tecnologias do sexo

DIZER QUE O SEXO É TECNOLÓGICO pode parecer contraditório, inclusive insustentável. Uma definição de sexo que ignore a oposição que tradicionalmente se faz entre tecnologia e natureza não correria o risco de parecer incoerente? A alta tecnologia se apresenta sempre como nova, numa melhora perpétua, mais rápida, sempre sujeita à mudança, e surge, portanto, como o próprio motor da história e do tempo. O sistema sexo/gênero, ao contrário, mesmo tendo seu caráter histórico não natural e construído posto amplamente em evidência durante os anos 1980 e 1990, continua a ser descrito como uma estrutura estável, resistente à mudança e às transformações. Por isso, o sexo pode aparecer como o último resquício da natureza, depois de as tecnologias terem cumprido seu trabalho de construção do corpo.

O termo tecnologia (cuja origem remete à *techné*, ofício e arte de fabricar, em oposição a *physis*, natureza) coloca em funcionamento uma série de oposições binárias: natural/artificial, órgão/máquina, primitivo/moderno, nas quais o "instrumento" joga um papel de mediação entre os termos da oposição. Tanto as narrativas positivistas do desenvolvimento tecnológico (nas quais o homem é representado como a razão soberana que doma, domestica e domina a natureza bruta) como as narrativas apocalípticas ou antitecnológicas (por exemplo, as profecias de Paul Virilio, que, situado no próprio limiar do horizonte negativo, vela pela insegurança do território, contabilizando os acidentes da máquina que vomita uma racionalidade letal, destruindo e devorando a natureza) compartilham um mesmo pressuposto metafísico: a oposição entre o corpo vivo (limite ou ordem primeira) como natureza e a máquina inanimada (libertadora ou perversa) como tecnologia.

Donna Haraway mostrou o quanto a definição de humanidade, no discurso antropológico e colonial, depende da noção de tecnologia: o humano (*hu-man*) se define, antes de mais nada, como "um animal que utiliza instrumentos", por oposição aos "primatas" e às "mulheres".[1] A noção de tecnologia como "totalidade dos instrumentos que os homens fabricam e empregam para realizar coisas" serve de apoio às noções aparentemente intocáveis de "natureza humana" e "diferença sexual". A tecnologia é também o critério do colonizador para determinar o grau de cultura, de racionalidade e de progresso alcançado pelos "povos". Nas narrativas colonialistas dominantes, as mulheres e os "indígenas" que não têm acesso ou carecem de tecnologia são descritos como se fizessem parte da "natureza", e se transformam, por essa razão, nos recursos que o "homem branco" deve dominar e explorar.

A noção de "tecnologia" é, então, uma categoria-chave ao redor da qual se estruturam as espécies (humana/não humana), o gênero (masculino/feminino), a raça (branca/negra) e a cultura (avançada/primitiva). Em sua análise crítica dos discursos da primatologia, Donna Haraway mostrou como a antropologia colonial do século XIX e início do século XX definiu os corpos masculinos e femininos apoiando-se na oposição tecnologia/ natureza, instrumento/sexo. O corpo masculino é definido mediante a relação que estabelece com a tecnologia: o "instrumento" o prolonga e, inclusive, o substitui. Uma vez que a antropologia tradicional não considera as técnicas de gestação e educação desenvolvidas pelas mulheres africanas como tecnologias propriamente ditas,[2] o corpo feminino é considerado alheio a qualquer forma de sofisticação instrumental e vai se definir apenas como "sexo". O discurso antropológico, diz Haraway, construiu o corpo feminino não tanto em relação ao corpo humano masculino, mas mais por oposição ao do primata fêmea, caracterizando-o, por sua falta de ciclos de cio, como um corpo sexual em tempo integral. Uma definição que se articulará não em função da aquisição de instrumentos (como é o caso do homem), e mais em função da regularidade da atividade sexual e da gestação. Para a antropologia clássica, que Haraway condena, diferentemente do primata fêmea, o corpo feminino é aquele que está sempre disponível para o (hetero)sexo, um corpo feito conforme os imperativos da procriação doméstica.

Tecnologia e sexo são categorias estratégicas no discurso antropológico europeu e colonialista. Nele, a masculinidade foi descrita em função de sua relação com os dispositivos tecnológicos, enquanto a feminilidade foi definida em função de sua disponibilidade sexual. Mas a "reprodução sexual", aparentemente confinada à natureza e ao corpo das mulheres, está "contaminada" desde o começo pelas tecnologias culturais, tais como as práticas específicas da sexualidade, os regimes de contracepção e de aborto, os tratamentos médicos e religiosos do parto etc. Lyotard mostrou que, embora no discurso científico e antropológico a natureza e a tecnologia sejam categorias que se opõem, ambas, na realidade, estão intimamente ligadas à "procriação natural".

Existe uma cumplicidade entre as noções de tecnologia e de sexualidade que a antropologia tenta esconder, mas que paira inclusive por trás da etimologia grega do termo *techné*. As teorias aristotélicas da procriação humana falam do esperma como um líquido que contém "homens *in nuce*", "homúnculos" que devem ser depositados no ventre passivo da mulher. Essa teoria, que não foi refutada até a descoberta dos ovários no século XVII, entendia a procriação como uma tecnologia agrícola dos corpos, na qual os homens são os técnicos e as mulheres campos naturais de cultivo. Como insistiu Lyotard, a expressão *techné* (forma abstrata do verbo *tikto*, que significa "engendrar", "gerar") remete ao mesmo tempo, em grego, a formas de produção artificial e de geração natural. A palavra grega para designar os geradores não é outra que *teknotes*, e para designar o germe, *teknon*.[3] Como exemplo paradigmático de contradição cultural, a tecnologia recorre simultaneamente à produção artificial (onde *techné* = *poiesis*) e à reprodução sexual ou "natural" (onde *techné* = geração).

A crítica feminista foi a primeira a apontar e analisar esse vínculo entre tecnologia e reprodução sexual. No início dos anos 1970, o feminismo tentou escrever a história política da reapropriação tecnológica do corpo das mulheres. A força com a qual o discurso feminista designou o corpo feminino como produto da história política, e não simplesmente da história natural, deve ser proclamada como o início de uma das maiores rupturas epistemológicas do século XX. No entanto, para uma série de feministas, a tecnologia remete a um conjunto de técnicas (não somente aos instrumentos e às máquinas, como também aos procedimentos e às regras que presidem seus usos — dos testes genéticos à pílula, passando pela anestesia epidural) que objetivam, controlam e dominam o corpo das mulheres. Até Donna Haraway, as análises feministas da "tecnologia" (como as de Barbara Ehrenreich, Gena Corea, Adrienne Rich, Mary Daly, Linda Gordon, Evelyn Fox Keller etc.) haviam reduzido as tecnologias do sexo a certo número de tecnologias reprodutivas. A dificuldade com uma trajetória feminista desse tipo é que se cai na armadilha da essencialização da categoria da mulher, a qual geralmente vai de encontro com a identificação do corpo feminino e de sua sexualidade com a função reprodutiva, e que geralmente destaca os perigos (dominação, exploração, alienação...) que as tecnologias representam para o corpo feminino. Esse tipo de feminismo deixou escapar as duas melhores ocasiões para uma possível crítica das tecnologias da sexualidade. A primeira, ao se dedicar à análise da diferença feminina, passou por cima do caráter construído do corpo e da identidade de gênero masculinos. A segunda, ao demonizar toda forma de tecnologia como dispositivo a serviço da dominação patriarcal, esse feminismo foi incapaz de imaginar as tecnologias como possíveis lugares de resistência à dominação.

O feminismo que rejeita a tecnologia como forma sofisticada da dominação masculina sobre o corpo das mulheres termina por assimilar qualquer forma de tecnologia ao patriarcado. Essa análise traz de volta e perpetua as oposições binárias natureza/cultura, feminino/masculino, reprodução/produção, assim como a concepção das tecnologias como algo que não passa de modos de controle do corpo das mulheres e da reprodução. Para essas previsões apocalípticas, a meta última da tecnocracia masculina não seria somente se apropriar do poder de procriação do ventre das mulheres, mas, mais do que isso, substituir as "mulheres biológicas" (boas, naturais, inocentes...) por "mulheres-máquina" graças às futuras biotecnologias de replicação, como a clonagem ou a fabricação de úteros artificiais.[4] Em outra versão distópica high-tech — a de Andrea Dworkin —, as mulheres acabariam por habitar um "bordel reprodutivo" onde seriam reduzidas ao estado de máquinas biológicas e sexuais a serviço dos homens.

A maioria dessas críticas feministas exige uma revolução antitecnológica na qual os corpos das mulheres se liberariam do poder coercitivo e repressivo dos machos e das tecnologias modernas para se fundir com a natureza. De fato, a crítica feminista das décadas de 1970 e 1980 desemboca em uma dupla renaturalização.

Por um lado, com a redução e a demonização das tecnologias do sexo, o corpo das mulheres se apresenta como puramente natural, e o poder dominador dos homens, transformado em técnicas de controle e de possessão, é exercido sobre o que seria a capacidade mais essencial das mulheres: a reprodução. Esta é descrita como uma capacidade natural do corpo feminino, a matéria crua sobre a qual vai se desdobrar o poder tecnológico. Nesse discurso, a mulher é a natureza e o homem é a tecnologia.

Por outro lado, com a desnaturalização feminista do gênero, iniciada por Simone de Beauvoir, a mulher se transforma no produto da construção social da diferença sexual. Esse feminismo fracassa ao não empreender as análises desconstrutivistas do homem e da masculinidade enquanto gênero, construído, por sua vez, também tecnológica e socialmente. Se o slogan de Beauvoir "não se nasce mulher" presidiu a evolução do feminismo no século XX, até a guinada pós-feminista dos anos 1990 ninguém se aventurará com sua declinação masculina, "não se nasce homem". A velha canção da psicanálise lacaniana dos anos 1970 e 1980, na qual diferentes vozes, do próprio Lacan a Kristeva, ceticamente se perguntavam, "existe a mulher?", não conheceu seu correlato, "existe o homem?", até o aparecimento recente dos "estudos pós-humanos". Da mesma maneira, a declaração de guerra lançada por Wittig nos anos 1980 — "as lésbicas não são mulheres" — teve que esperar mais de vinte anos para ser acompanhada por sua consequência mais óbvia: "os gays não são homens".

Enquanto o feminismo essencialista se retrai em posições conservadoras sobre a maternidade, a reprodução e o respeito da diferença feminina, o chamado feminismo construtivista, por sua vez, apesar de ser intelectualmente muito mais ágil, graças à articulação das diferenças em torno da noção de "gênero", também caiu em uma armadilha. Primeiro, ao insistir que a feminilidade seria o resultado artificial de uma ampla gama de procedimentos das tecnologias de poder, o feminismo construtivista fez com que a masculinidade parecesse paradoxalmente natural, uma vez que esta parecia não precisar se submeter ao seu próprio poder tecnológico. A masculinidade acabaria sendo a única natureza a permanecer, enquanto a feminilidade estaria submetida a um processo incessante de construção e modificação. O fato de que após os anos 1950 a moda, as tecnologias plásticas, reprodutivas e farmacológicas tomaram o corpo feminino como alvo principal parece confirmar essa tese. O problema dessa abordagem é que, em vez de questionar a oposição entre tecnologia e natureza, ela sustenta que a tecnologia *modifica* uma dada natureza. A segunda armadilha do feminismo construtivista foi trabalhar com a oposição entre gênero e sexo como um antagonismo entre construção social e natureza. Ao acentuar o caráter construído do gênero enquanto variável histórico-cultural, o feminismo construtivista terminaria por reessencializar o corpo, o sexo e os genitais, concebidos como o lugar em que a variação cultural se choca com um limite natural intransponível.

Mas não há oposição estrita entre sexo e gênero. Essas duas noções simplesmente pertencem a diferentes regimes epistêmicos do corpo. Enquanto a noção moderna de sexo e diferença sexual é que eles deveriam ser dados por natureza e essencialmente imutáveis, a noção de gênero, inventada na década de 1950 no processo de manejo técnico das diferenças sexuais e morfológicas em "bebês intersexuais", enfatiza mudança e mutabilidade.

A força da noção foucaultiana de tecnologia reside em escapar à compreensão redutora da técnica como um conjunto de objetos, instrumentos, máquinas ou outros artefatos, assim como em escapar à redução da tecnologia do sexo às tecnologias implicadas no controle da reprodução sexual. Para Foucault, uma técnica é um dispositivo complexo de poder e de saber que integra os instrumentos e os textos, os discursos e os regimes do corpo, as leis e as regras para a maximização da vida, os prazeres do corpo e a regulação dos enunciados de verdade. A maior façanha das tecnologias sexuais e de gênero não foi apenas a transformação dos corpos femininos, mas a invenção de certas diferenças políticas como algo orgânico. Chamo esse processo de naturalização e materialização das relações de poder de "produção prostética de gênero".

É nesse momento, no final dos anos 1970, que Foucault volta obsessivamente à ideia de técnica: Canguilhem em demasia ou *fist-fucking* em demasia nas *backrooms* de San Francisco? A questão continua em aberto e será objeto de uma pesquisa contrassexual ulterior. Em todo caso, sabemos que, em um seminário de 1982, Foucault afirma que

> meu objetivo, há mais de 25 anos, tem sido esboçar uma história das diferentes maneiras através das quais, em nossa cultura, os homens elaboram um saber sobre si mesmos: economia, biologia, psiquiatria, medicina e criminologia. O mais importante não é aceitar esse saber como um valor dado, mas analisar essas supostas ciências como "jogos de verdade" ligados às técnicas específicas que os homens utilizam para entender a si próprios.[5]

O filósofo prossegue citando quatro grandes grupos de tecnologias: tecnologias de produção, de transformação e de manipulação dos objetos, tecnologias de sistemas de signos, tecnologias de poder e tecnologias de si.

Essa noção de "tecnologia" lhe permitirá desfazer as aporias propostas pelos modelos de poder em circulação nas décadas de 1960 e 1970: em primeiro lugar, a aporia do modelo jurídico e liberal, segundo o qual o sujeito é soberano por natureza e sua soberania deveria ser reconhecida e validada pela lei. Nesse modelo, o poder se centraliza e emana de instituições positivas, tais como o Estado ou o sistema jurídico. Foucault abandona a noção de sujeito autônomo e soberano que possui/cede o poder para propor uma concepção do sujeito local, situado, produto de uma relação de poder específica.

Ao mesmo tempo, Foucault vai se desfazer do esquema marxista de dominação/revolução que postula que o poder emana das estruturas econômicas; uma perspectiva na qual o poder é sempre dialético e opõe os grupos antagônicos (burguês/ proletário na interpretação clássica, homens-patriarcado/mulheres, na versão feminista do marxismo). Ao definir a técnica como um sistema de poder produtivo, Foucault rejeitará os modelos de poder coercitivos e repressivos (por exemplo, "a hipótese repressiva" da psicanálise), de acordo com os quais o poder é exercido como uma proibição unida a sanções sociais, psicológicas ou físicas.

Para Foucault, a técnica é uma espécie de micropoder artificial e produtivo que não opera de cima para baixo, mas circula em cada nível da sociedade (do nível abstrato do Estado ao da corporalidade). Por essa razão, o sexo e a sexualidade não são os efeitos das proibições repressivas que obstaculizariam o pleno desenvolvimento de nossos desejos mais íntimos, mas o resultado de um conjunto de tecnologias produtivas (e não simplesmente repressivas). Logo, a forma mais potente de controle da sexualidade não é a proibição de determinadas práticas, mas a produção de diferentes desejos e prazeres que parecem derivar de predisposições naturais (homem/mulher, heterossexual/homossexual etc.), e que serão finalmente reificados e objetivados como "identidades sexuais". As técnicas disciplinadoras da sexualidade não são um mecanismo repressivo, mas estruturas reprodutoras, assim como técnicas de desejo e de saber que geram as diferentes posições de sujeito do saber-prazer.

Próteses de gênero

Recorrendo à noção foucaultiana de "tecnologia do sexo", a contrassexualidade evita o falso debate entre "essencialismo" e "construtivismo". As categorias de homem e de mulher não são naturais, mas ideais normativos culturalmente construídos, sujeitos à mudança no tempo e nas culturas, dizem-nos os construtivistas. Quanto aos essencialistas, estes encontram refúgio, em nossos dias, em alguns modelos extraídos do kitsch psicanalítico ("o nome do pai" ou a "ordem simbólica") e em modelos biológicos para os quais a diferença de sexo e de gênero depende de estruturas físicas e psíquicas, de invariáveis que perduram para além das diferenças culturais e históricas.

Agora, acontece que a distinção sexo/gênero remete cada vez mais, de forma homóloga, à distinção entre essencialismo e construtivismo, central na teoria feminista, gay e lésbica contemporânea. Tudo ocorre como se o sexo e a diferença sexual (por exemplo, em relação às funções biológicas da reprodução) pudessem ser mais bem compreendidas em um âmbito essencialista, enquanto o gênero, construção social da diferença sexual em diferentes contextos históricos e culturais, ganharia se fosse apreendido com a ajuda de modelos construtivistas. Não obstante, a posição essencialista e a posição construtivista têm um mesmo fundamento metafísico. Os dois modelos dependem de um pressuposto moderno: a crença segundo a qual o corpo resguarda um grau zero ou uma verdade última, uma matéria biológica (o código genético, os órgãos sexuais, as funções reprodutivas) "dada". Essa crença se encontra inclusive nas posições construtivistas mais radicais.

Compreender o sexo e o gênero como tecnologias permite remover a falsa contradição entre essencialismo e construtivismo. Não é possível isolar os corpos (como materiais passivos ou resistentes) das forças sociais de construção da diferença sexual. Se prestarmos atenção às práticas contemporâneas da tecnociência, veremos que seu trabalho ignora as diferenças entre o orgânico e o mecânico, intervindo diretamente sobre a modificação e a fixação de determinadas estruturas do ser vivo. Foucault, no último período de sua vida, chamou de "biopolítica" exatamente essa nova fase das sociedades contemporâneas na qual o objetivo é a produção e o controle da própria vida. A nova biotecnologia está ancorada, *trabalha* simultaneamente sobre os corpos e sobre as estruturas sociais que controlam e regulam a variabilidade cultural.[6] De fato, é impossível estabelecer onde terminam "os corpos naturais" e onde começam as "tecnologias artificiais": os ciberimplantes, os hormônios, os transplantes de órgãos, a gestão do sistema imunológico humano no HIV, a internet etc. são apenas alguns exemplos entre outros.

Se ofereci esse rápido panorama do debate essencialismo/construtivismo é para lembrar que essas duas posições dependem de uma ideia cartesiana do corpo comum, na qual a consciência é pensada como imaterial e a matéria como puramente mecânica.[7] Mas, de um ponto de vista contrassexual, o que me interessa é precisamente essa relação promíscua entre a tecnologia e os corpos. Trata-se, então, de estudar de que modos específicos a tecnologia "incorpora" ou, dito de outra forma, "se faz corpo". Não posso desenvolver aqui uma história completa da produção tecnológica da carne, portanto farei dois cortes verticais dessa história que irão nos permitir situar o problema. Para isso, voltarei às duas grandes metáforas tecnológicas da incorporação do século XX, o robô e o ciborgue, a partir das quais poderíamos pensar o sexo enquanto tecnologia.

O robô e o ciborgue como figuras políticas não podem ser separados da história do capitalismo colonial. A ideia de robô foi desenvolvida pela primeira vez pelo escritor tcheco Karel Čapek por volta de 1920. O "robô" designava, então, qualquer tipo de mecanismo automático capaz de realizar uma operação que demandasse uma escolha elementar. A ambição de Čapek era criar uma espécie de "operário artificial" apto a substituir a força de trabalho humana (em antigo eslavônico, *robota* significa "trabalho forçado") nas linhas de montagem.

A vocação da robótica é conceber um "autômato", uma máquina de aspecto humano capaz de se mover e de agir. Mas o "robô" é também, na linguagem coloquial, um "homem reduzido ao estado de autômato". Com o robô, o corpo está paradoxalmente preso entre o "órgão" e a "máquina". À primeira vista, não obstante, o orgânico e o mecânico parecem pertencer a registros opostos. O orgânico remeteria à natureza, aos seres vivos, enquanto o mecânico dependeria dos instrumentos e dos aparelhos artificiais.

No entanto, os dois termos nem sempre estiveram separados. O termo "órgão" provém do grego *ergon*, que designa o instrumento ou a peça que, unida a outras peças, é necessária para realizar algum processo regulado. Conforme Aristóteles, "toda arte [*techné*] necessita de seus próprios instrumentos [*organon*]". Esta acepção é, além disso, a dos títulos dos tratados de lógica aristotélica nos quais figura o termo. *Organon* tem, portanto, o sentido de método de representação, instrumento de saber, conjunto de normas e de regras racionais graças às quais podemos compreender a realidade. Um *organon*, tal como o compreendia Aristóteles, é algo que hoje poderíamos denominar uma tecnologia textual de codificação-decodificação. O *organon* é também um aparelho ou um dispositivo que facilita uma atividade particular, da mesma maneira que o martelo prolonga a mão ou o telescópio aproxima o olho de um ponto distante no espaço. É como se fosse a prótese e não o membro vivo que se escondia desde sempre atrás da noção de *organon*. A noção de "prótese" surgiu por volta de 1553, na época da expansão colonial da Europa e do desenvolvimento da ciência moderna, e era usada para se referir tanto ao suplemento de uma palavra, como um prefixo, quanto à reconstrução de um corpo com um membro artificial. A gramática é o *organon*, e a prótese é o prefixo de uma palavra ou de um corpo.

O modelo do robô catalisa as contradições e os paradoxos da metafísica moderna: natureza/cultura, divino/humano, humano/animal, alma/corpo, macho/fêmea. Ele está submetido à lei da performatividade paródica e mimética (definida como um processo de repetição regulado). A própria ideia de robô extrai sua força da "máquina" como metáfora explicativa da organização e do funcionamento do corpo vivo. Mas essa metáfora do corpo/máquina tem um duplo sentido. O homem-máquina de La Mettrie, assim como o animal-máquina de Descartes, repousam sobre a ideia de que o corpo biológico e suas atividades podem ser reduzidas a um sistema complexo de interações mecânicas e eletromagnéticas. Quando descreve seus "autômatos" e suas "máquinas servas", Alberto Magno espera criar um modelo de mecanismo artificial capaz, um dia, de substituir o ator humano. Se o século XVIII havia pensado o corpo humano como uma máquina, o século XIX e o século XX acabarão por sonhar com máquinas que se comportam como seres humanos.

A invenção da máquina a vapor em 1765 e o taylorismo que a seguiu traduziram-se por uma apreensão dos corpos como instrumentos de trabalho a serviço da máquina. A industrialização do trabalho, no transcurso do século XIX, inverteu os termos da metáfora mecânica: a máquina se transforma em sujeito e em organismo. Os operários passam a ser simples órgãos conscientes que se ajustam aos órgãos inconscientes do mecanismo.[8] O trabalho seria o resultado dessa ligação de membros naturais e mecânicos.

O robô é, então, o lugar de uma transferência de via dupla entre o corpo humano e a máquina: às vezes o corpo utiliza o instrumento como uma parte de sua estrutura orgânica (isto é, a prótese), às vezes a máquina integra o corpo como uma peça de seu mecanismo. Da imagem do homem-máquina do século XVIII, em que o corpo (masculino) era pensado como uma totalidade mecânica, passa-se, no século XIX, à imagem ameaçadora de uma "máquina viva" (como em *Metrópolis*, de Fritz Lang), que será representada como uma mulher ou como um monstro. A mulher, o monstro e a máquina que desejam a consciência antecipam o ciborgue.

Enquanto isso, durante o século XX, a masculinidade se tornará progressivamente prostética. Mary Louise Roberts[9] e Roxanne Panchasi[10] estudaram a reconstrução da "masculinidade" especificamente no caso da readaptação dos soldados mutilados no entreguerras. Essa reabilitação do corpo masculino se inspira no modelo mecânico do "robô" segundo o qual o "corpo masculino reconstruído", considerado "força de trabalho", deve se reintegrar na cadeia de produção industrial. Jules Amar, diretor do laboratório militar de próteses de trabalho durante os anos 1920, desenhará uma série de próteses de braço e de perna cujo objetivo, pela primeira vez, não será exatamente estético, mas o de reparar o corpo inválido para que se transforme em uma das engrenagens essenciais da máquina industrial posterior à guerra, da mesma forma que foi uma engrenagem essencial da máquina de guerra. Em sua obra de 1916, *La Prothèse et le travail des mutilés*, Jules Amar propõe explicar e curar o chamado fenômeno de Weir Mitchell (quando se percebe sensações num membro perdido, que Merleau-Ponty chamará mais tarde de "o membro fantasma") reconstruindo o corpo como uma totalidade trabalhadora com a ajuda de próteses mecânicas.[11]

Os operários e os soldados prostéticos de Jules Amar mostram que a masculinidade é tecnologicamente construída. Se a reconstrução do corpo masculino inválido era efetuada com a ajuda de uma prótese mecânica, é porque o corpo masculino do operário já havia sido pensado sob a metáfora do "robô". No âmbito da gestão taylorista e racional do trabalho (seja na indústria em tempos de paz, seja nas indústrias de destruição em massa da guerra), o "corpo masculino" já constituía em si a prótese orgânica a serviço de um mecanismo mais amplo. Era concebido como um aparelho que podia ser artificialmente reconstruído com a ajuda de membros prostéticos: "braços trabalhadores" ou "pernas pedaladoras" por meio das quais o trabalhador podia se incorporar à máquina industrial. Tal reconstrução tecnológica era feita em função das categorias de gênero e de sexo. É primeiro aos homens, e não às mulheres, que a reconstrução prostética se dedica imediatamente após a Primeira Guerra Mundial. Curiosamente, Jules Amar nunca contemplará os órgãos sexuais como órgãos que podem ser tecnologicamente substituídos. A reabilitação prostética será reservada aos órgãos do trabalho industrial (o pênis, claro, não podia ser considerado enquanto tal). Para Amar, um "amputado" ou um "incapacitado" era alguém que "havia sofrido a mutilação de um órgão destinado ao movimento" e não devia ser confundido com um "impotente", alguém incapaz "de um restabelecimento funcional", por ter perdido por completo a capacidade de levar adiante o trabalho de reprodução sexual.[12] Essa definição de impotência sugere suficientemente que os órgãos sexuais masculinos se situavam à margem da reprodução prostética. Conseguia-se fabricar dedos mecânicos muito bem articulados para manipular pregos pequenos ou inclusive para tocar violino, mas não se propunha nenhuma prótese funcional para as mutilações sexuais. De fato, as tecnologias prostéticas que prometiam a reconstrução do corpo masculino ameaçavam a posição "natural" de poder do homem na família, na indústria e na nação. Se o corpo masculino (órgãos sexuais incluídos) pudesse ser prosteticamente construído, também poderia, pois, ser des-construído, des-locado e, por que não, substituído.

A incorporação alucinatória da prótese aponta um momento sintomático na passagem do modelo do robô para o modelo do ciborgue. O interessante, do ponto de vista contrassexual, é esse desejo do instrumento de se tornar consciente, de incorporar a memória do corpo, de sentir e de agir por si mesmo. A prótese dotada de sensibilidade fantasmática rompe com o modelo mecânico que a define como um simples instrumento para substituir um membro ausente. Torna-se impossível estabilizar a prótese, defini-la como mecânica ou orgânica, como corpo ou máquina. A prótese pertence por um tempo ao corpo vivo, mas resiste a uma incorporação definitiva. É separável, desprendível, descartável, substituível. Mesmo quando é ligada ao corpo, incorporada e aparentemente dotada de consciência, a qualquer momento pode voltar à ordem do objeto.

A prótese perturba os significados do sentir e do agir segundo uma metafísica da divisão corpo/mente e uma fenomenologia da relação sujeito/objeto.

O estatuto fronteiriço da prótese expressa a impossibilidade de traçar limites nítidos entre o "natural" e o "artificial", entre o "corpo" e a "máquina". A prótese mostra que a relação corpo/máquina não pode ser compreendida simplesmente como um agrupamento de partes anódinas e articuladas conjuntamente que cumprem um trabalho específico. No que concerne à modificação das atividades vivas do corpo orgânico, a prótese ultrapassa a ordem mecânica. A prótese alucinatória já é um ciborgue.

Como Marshall McLuhan havia previsto em *Os meios de comunicação como extensões do homem*,[13] as tecnologias do século XX irão se caracterizar por agirem como suplementos prostéticos de uma função natural. A prótese, pensada como uma substituição artificial em caso de mutilação, uma cópia mecânica de um órgão vivo, transformou a estrutura da sensibilidade humana em algo que o novo século batizou com o nome de "pós-humano". Afinal, a prótese não substitui somente um órgão ausente; é também a modificação e o desenvolvimento de um órgão vivo com a ajuda de um suplemento tecnológico. Como prótese do ouvido, o telefone permite a dois interlocutores distantes estabelecer comunicação. A televisão é uma prótese do olho e do ouvido que permite a um número indefinido de espectadores compartilhar uma experiência ao mesmo tempo comunitária e desencarnada. O cinema poderia ser pensado retroativamente como uma prótese do sonho. As novas cibertecnologias sugerem o desenvolvimento de formas de sensibilidade virtual e híbrida do tato e da visão, como o tato virtual, graças a ciberluvas... A arquitetura, os automóveis e outros meios de transporte são também próteses complexas com as quais outras próteses dos sentidos, com seus sistemas e redes de comunicação, do telefone ao computador, podem ser conectadas. Nessa lógica de conexão crescente, o corpo parece se fundir com seus órgãos prostéticos, dando lugar a um novo nível de organização e gerando uma continuidade (individual? transpessoal?) orgânica-inorgânica.

Essa maneira de compreender a construção prostética do natural é o que Georges Teyssot chamou de "uma teoria generalizada das incapacidades".[14] A prótese, destinada num primeiro momento a remediar nossas incapacidades físicas, termina por criar comportamentos complexos de dependência com sistemas de comunicação, ao ponto de nos sentirmos incapazes se não estivermos conectados a eles. A máquina de escrever, por exemplo, foi inventada a princípio para os cegos, como forma de lhes dar acesso à escritura mecânica; depois, se generalizou como uma prótese de escritura que modificou radicalmente a maneira como nos comunicamos. A chamada deficiência visual é tão estrutural na concepção da máquina de escrever como prótese que uma ficção de cegueira ("não olhe para o teclado!") se tornou imperativa para qualquer um que esteja aprendendo a digitar: é como se fosse preciso passar pela experiência da incapacidade para aceder, com a prótese, a um novo nível de complexidade.

Em outras palavras, cada "órgão" tecnológico reinventa uma "nova condição natural" na qual todos nós somos incapazes. Melhor ainda, cada nova tecnologia recria nossa natureza como incapaz com relação a uma nova atividade que, por sua vez, necessita ser tecnologicamente suprida. As novas tecnologias de reprodução *in vitro* (e, talvez em breve, fora do útero), por exemplo, foram desenvolvidas para compensar uma "deficiência" da suposta "reprodução (hetero)sexual normal". Imediatamente, essas tecnologias originaram uma gama de métodos de reprodução que, além de não exigirem relações heterossexuais, eram acessíveis a todos e capazes de transformar as formas de incorporação daquilo que continuamos a chamar, na falta de termo melhor, de homens e mulheres. O que estou sugerindo aqui é que o sexo e o gênero deveriam ser considerados formas de incorporação prostética que se fazem passar por naturais, mas que, em que pese sua resistência anatômico-política, estão sujeitos a processos de transformação e de mudança constantes.

Levemos ao extremo as contradições da incorporação prostética e encontraremos o ciborgue. O manifesto ciborgue de Donna Haraway (1985) marca uma feliz virada no feminismo,[15] ou, mais exatamente, inicia uma guinada pós-feminista ao passar da demonização da tecnologia para seu investimento político. Essa guinada do feminismo antitecnológico ao pós-feminismo coincide com a passagem do robô ao ciborgue, ou, o que é a mesma coisa, com a passagem do capitalismo industrial ao capitalismo em sua fase global, financeira, comunicativa, biotecnológica e digital. De algum modo, Norbert Wiener, em sua definição da cibernética, estabeleceu as condições desse novo capitalismo. A obra de Wiener consiste num conjunto de teorias sobre as comunicações e a regulação entre o ser vivo e a máquina.[16] Entretanto, o contexto no qual se fabricam os órgãos, bem como os materiais utilizados em sua fabricação, não é mais o mesmo. Enquanto o cenário de criação do robô foi a fábrica e suas cadeias tayloristas, o ciborgue será criado em um laboratório biotecnológico. O primeiro ciborgue "pós-moderno" foi concebido depois da Segunda Guerra Mundial por engenheiros geneticistas que implantaram conexões cibernéticas em um animal vivo, saturando artificialmente seu sistema de informação com circuitos elétricos, hormônios, fluidos químicos e biológicos. O ciborgue não é um sistema matemático e mecânico fechado, mas um sistema aberto, biológico e comunicante. Não é um computador, mas um ser vivo conectado a redes visuais e hipertextuais que passam pelo computador, de tal maneira que o corpo conectado se transforma na prótese pensante do sistema de redes.

A lei do ciborgue não é a da repetição mimética, mas a da reprodução de um máximo de comunicação horizontal no sentido informático do termo. "O ciborgue é texto, máquina, corpo e metáfora — completamente teorizado e integrado na prática como comunicação."[17] Eis alguns exemplos de tecnologia ciborgue biossocial que deveriam ser objeto de um estudo contrassexual: o dildo que goza, as pessoas que vivem com aids, os hormônios, as pessoas transgênero, as drogas, o sexo virtual, o corpo transexual...

A questão não reside em escolher entre os robôs e os ciborgues. Já somos ciborgues que incorporam próteses cibernéticas e robóticas. Não há volta. As tecnologias mecânicas e cibernéticas não são instrumentos neutros surgidos em um paraíso científico que poderiam, em um segundo momento, ser aplicados com fins políticos mais ou menos saudáveis. Tudo (dos sistemas high-tech de comunicação pela internet às técnicas gastronômicas, passando por uma técnica *low-tech* como, por exemplo, a do transar) é desde o princípio um sistema político que vem assegurar a reprodução de estruturas socioeconômicas precisas. Donna Haraway insiste que as tecnologias não são intrinsecamente "limpas" ou "sujas". As bio e cibertecnologias contemporâneas são, ao mesmo tempo, o resultado das estruturas de poder e os possíveis bolsões de resistência a esse mesmo poder; de uma forma ou de outra, um espaço de reinvenção da natureza.

A jogada mais sofisticada da tecnologia consiste em se apresentar como "natureza". Se os discursos das ciências naturais e das ciências humanas continuam carregados de retóricas dualistas cartesianas (corpo/espírito, natureza/tecnologia), enquanto os sistemas biológicos e de comunicação provaram funcionar com lógicas que escapam a tal metafísica da matéria, é porque esses binarismos reforçam a estigmatização política de determinados grupos (os animais, as mulheres, os não brancos, as pessoas queer, os corpos trans e intersexo, as pessoas com deficiência, os doentes mentais etc.) e permitem que eles sejam sistematicamente impedidos de acessar as tecnologias textuais, discursivas, corporais etc. que os produzem e os objetivam.

Exercício de leitura contrassexual

Da filosofia como modo superior de dar o cu: Deleuze e a "homossexualidade molecular"

> Só há uma sexualidade, a homossexual; só há uma sexualidade, a feminina.
>
> FÉLIX GUATTARI, "A Liberation of Desire"
>
> A homossexualidade é a verdade do amor.
>
> GILLES DELEUZE, *Proust e os signos*

A NOÇÃO DE "HOMOSSEXUALIDADE MOLECULAR" de Deleuze continua sendo um conceito periférico raramente analisado pelos comentaristas deleuzianos, apesar da posição estratégica que ocupa na estrutura de *O anti-Édipo* e da frequência com a qual Deleuze e Guattari se afirmam "homossexuais moleculares" durante os anos 1970: "Somos heterossexuais estatisticamente ou molarmente, mas homossexuais pessoalmente, quer o saibamos ou não, e, por fim, transexuados elementarmente, molecularmente".[1]

A "homossexualidade molecular", ou local, materializada através de um *coming-out* que não se deixa reduzir nem à identidade nem à evidência das práticas, sem dúvida pertence ao conjunto de traços com que Deleuze se apresenta como pessoa pública. A "homossexualidade molecular" e suas unhas (excessivamente longas e descuidadas) aparecem como estranhos atributos individualizantes através dos quais Deleuze (personagem muito menos midiático que outros de seus contemporâneos, como Derrida ou Foucault) pode ser reconhecido ou caricaturado, mas cuja importância filosófica ou política é frequentemente reduzida a uma anedota hagiográfica.

Poderíamos, sem dúvida, explicar a "homossexualidade molecular" de Deleuze como parte do que chamaríamos de "efeito unhas", isto é, reduzi-la a uma espécie de estranheza ou de conceito-capricho (uma pose esnobe, "como os óculos escuros de Greta Garbo"),[2] uma noção-descuido cujo discernimento não afeta a leitura dos principais anátemas deleuzianos. Decidi, no entanto, submeter o "caso da homossexualidade molecular" à hipótese de O anti-Édipo segundo a qual "não há conceito lógico que não dê lugar a operações físicas".

Trata-se, então, de entender que tipo de operações físicas a "homossexualidade molecular" produz enquanto conceito: qual é a relação entre a noção obscura de "homossexualidade molecular" e o mantra constantemente repetido "devir-mulher"?[3] Qual teria sido o objetivo da cuidadosa distinção de Deleuze entre dois tipos de homossexualidades: uma molecular e outra global? Quais são as condições do discurso público do intelectual francês que, depois de 1968, tornaram possível que ele e Guattari se proclamassem "homossexuais moleculares", enquanto Foucault, gay e frequentador assíduo dos *backrooms* sadomasoquistas de San Francisco, omitisse qualquer enunciação em primeira pessoa sobre a homossexualidade em suas análises e evitasse tomar posição frente às novas formações políticas identitárias dos anos 1970 e 1980 na França? Qual é a "molecularidade" que Foucault não compartilha com Deleuze e Guattari?

Na Universidade de Vincennes (hoje Paris 8), durante a década de 1970, Deleuze se transformou no mentor filosófico não só de René Schérer e Guy Hocquenghem,[4] como também de parte da Frente Homossexual de Ação Revolucionária. Sem ser homossexual, escreverá Schérer, "Deleuze acompanhou esta luta e a sustentou".[5] Nesse último grupo encontramos também Michel Cressole, que haveria de protagonizar o primeiro enfrentamento com Deleuze em relação à "unidade de uma pretendida filosofia do desejo".[6] Michel Cressole, jovem jornalista de esquerda no *Libération*, bicha e amigo/inimigo pessoal de Deleuze, será o primeiro a duvidar da verdade, filosófica e política, de um discurso sobre as drogas, a esquizofrenia ou a homossexualidade escrito por alguém que não conhecesse a dependência, a doença mental ou o sexo anal. Em 1973, Cressole dirige uma carta aberta a Deleuze na qual ataca diretamente a ambiguidade de sua posição: "Você sempre quis exprimir a posição em que está, com seu corpo, ante a loucura, a droga, o álcool e o ânus. De fato, não é possível recriminá-lo, quando se apresenta como genealogista ou funcionalista, pela maior decência ou pela hipocrisia de sua insanidade ou fecalidade, como Artaud fez com Caroll".[7] Mais adiante, numa ocasião ainda mais virulenta, a crítica se articula em torno de uma nova e esclarecedora oposição entre "você" (Deleuze) e as bichas:

> Quando você observa como caminham as bichas, e quando lhes conta o que vê, elas gostam, acham que de fato é assim, mas quando elas se viram, ingênuas como crianças, para saber quem foi que disse, se "de fato" está aí quem falou, descobrem um senhor correto e simpático, que lamenta publicamente, que não

as proíbe de nada, que se dispõe a defendê-las, mas a "defender" pelas costas, eternamente protestando contra o sofrimento de serem isso, como se protestasse de uma boa-fé.

Para Cressole, a suposta "homossexualidade molecular" de Deleuze é, como teria dito La Lupe, "puro teatro, simulacro calculado", uma forma de lamentar publicamente por trás da qual se esconderia uma demência e uma fecalidade que só poderiam ser qualificadas de hipócritas. Resta saber, no entanto, por que Deleuze, um "senhor correto e simpático", teria tido a necessidade de se identificar como homossexual, e de se separar de tal identificação mediante o adjetivo "molecular".

Vinte e cinco anos mais tarde, Ian Buchanan, num congresso realizado na Austrália (que viria a assegurar a globalização da filosofia de Deleuze através de sua tradução para o inglês), tenta responder às críticas de Michel Cressole utilizando o conceito de "transversalidade" e de "relação transversal". Segundo Deleuze, é possível pensar ou escrever transversalmente sobre certos fenômenos sem passar pela experiência real, do mesmo modo que é possível viajar sem sair do lugar. Félix Guattari já conhecia e utilizava a noção de *transversalité* em seu trabalho psicoterapêutico durante os anos 1950 na clínica de La Borde, em Cour-Cheverny. O conceito de relação transversal, tal como é empregado por Deleuze, não só retoma essa noção psicanalítica como também, e especialmente, uma ideia de David Hume que postula que qualquer efeito de um processo sempre pode ser produzido por outros meios. Um exemplo citado com frequência por Deleuze seria o chamado "porre de Henry Miller", um experimento que consiste em chegar à embriaguez bebendo água. Em Deleuze, a transversalidade adquire nova força, convertendo-se em condição de possibilidade de certas experiências de "devir". Assim, por exemplo, o "nomadismo abstrato" não só supõe que seja possível viajar sem se mover, como também opõe, à experiência habitual da viagem, uma prática transversal que se dá exclusivamente em repouso: se você quer viajar de verdade, "é preciso não se mexer demais para não espantar os devires".[8]

Transversalmente, a molecularidade é a homossexualidade da mesma forma que a água é o porre de Henry Miller, e o repouso é o nomadismo abstrato. Na resposta de Deleuze à carta de Cressole, a alusão à transversalidade é clara:

> E minha relação com as bichas, os alcoólatras ou os drogados, o que isso tem a ver com o assunto, se obtenho em mim efeitos análogos aos deles por outros meios? [...] Eu não devo nada a vocês, nem vocês a mim. Não há nenhuma razão para que eu frequente seus guetos, já que tenho os meus. O problema nunca consistiu na natureza deste ou daquele grupo exclusivo, mas nas relações transversais em que os efeitos produzidos por tal ou qual coisa (homossexualidade, droga etc.) sempre podem ser produzidos por outros meios.[9]

Nesse argumento, a homossexualidade se apresenta, junto com o álcool e a droga, como uma experiência de toxicidade e de gueto por meio da qual se tem acesso a certos efeitos. E se a toxicidade e o gueto não são desejáveis, os efeitos parecem, no entanto, ser imprescindíveis para a esquizoanálise. Deleuze parece preocupado em obter, à sua maneira, isto é, transversalmente, os mesmos efeitos que as bichas, os drogados e os alcoólatras obtêm, mas reduzindo de algum modo a toxicidade do gueto. Se esta "relação transversal" é crucial, é exatamente porque permite a Deleuze se esquivar, ao menos de forma retórica, da questão da política de identidade.¹⁰ A relação transversal não é da ordem nem do indivíduo nem da propriedade: a experiência da embriaguez, por exemplo, não é algo que um indivíduo tem, e sim o próprio material, o fluxo do qual o embriagado é constituído durante certo tempo. A relação transversal tampouco é da ordem da comunidade ou do grupo. A identificação como "alcoólatra" não dá conta nem do evento da embriaguez nem da eventual possibilidade do porre hidráulico ao estilo de Miller.

Aparentemente, Deleuze não está interessado nos discursos que são produzidos em torno da identidade (embora ele mesmo confesse ter seu próprio gueto). Segundo ele, "o argumento da experiência reservada é um mau argumento reacionário" que peca por "raso realismo". Nesse sentido, a homossexualidade não é para Deleuze nem identidade nem essência: "Nenhuma bicha jamais poderá dizer com certeza 'eu sou bicha'". A comunidade homossexual não pode servir, portanto, como referente da verdade da enunciação de um "nós", do mesmo modo que a identidade homossexual não pode servir como referente da verdade da enunciação do "eu". O problema da filosofia, dirá Deleuze, não é tanto determinar quem pode pensar ou falar sobre o quê, e sim como criar um conjunto de condições que permitiriam a todos e a cada um falar.

Entretanto, todos esses ajustes lógicos não permitem concluir o sentido da afirmação de Deleuze ao se dizer "homossexual molecular". Cabe ainda perguntar: quais são os mecanismos de transversalidade, as passagens de conversão através das quais é possível para Deleuze "ser homossexual" evitando a fecalidade e a toxicidade do gueto? Quais são os efeitos que Deleuze acredita ter alcançado molecularmente e que lhe permitem "ser homossexual" sem "dever nada" às bichas? Quais seriam as operações lógicas que permitiriam afirmar a homossexualidade como posição de enunciação universal? E se esta posição fosse possível, independentemente da identidade, do gueto e das práticas sexuais, qual seria o sentido dessa homossexualidade conceitual depurada?

A molaridade de Proust

Embora a expressão "homossexualidade molecular" não apareça até *O anti-Édipo*, de 1971-2, já em 1964 Deleuze realizou, em *Proust e os signos*, uma análise detalhada da figura do homossexual e da própria obra *Em busca do tempo perdido* de Proust como uma operação de decodificação de signos homossexuais. Como acontece com frequência nos estudos monográficos que faz de outros autores (Nietzsche, Espinosa, Foucault, Bergson, Leibniz etc.), Deleuze acaba produzindo uma maquinaria interpretativa que funciona na medida em que ela própria fabrica, *deleuzianamente*, seu próprio objeto de leitura. Proporei aproveitar estes elementos performativos, aqui, para decodificar retrospectivamente Deleuze à luz de seu próprio Proust.

A primeira divergência que Deleuze oferece com relação às interpretações habituais de Proust será considerar *Em busca do tempo perdido* não uma compensação pela passagem do tempo e pela perda da memória através da escrita, mas um processo de aprendizagem amorosa. Em primeiro lugar, Deleuze vai rejeitar a definição clássica de memória como acumulação de representações de fatos ou acontecimentos passados. Esta noção acumulativa de memória supõe certa equivalência entre cada uma das unidades de tempo: a memória não passaria de um arquivo mais ou menos elaborado de representações mentais no qual cada instante do tempo corresponde a um fato. Se assim fosse, *Em busca do tempo perdido* seria reduzida a uma taxonomia detalhada de fatos/imagens ordenados por data. Para Deleuze, no entanto, essa obra não pode ser uma coleção sequencial de fatos/imagens porque não existe uma unidade de tempo que sirva de denominador comum a todos os eventos. A diferença de intensidade de cada instante provoca inflexões, invaginações no curso do tempo, obriga o tempo a se dobrar sobre si mesmo, dobra que explicaria por que dois momentos cronologicamente distantes aparecem representados por uma única imagem e uma única unidade de memória. Assim, as madeleines ou os campanários de Martinville contêm uma densidade monádica de lembranças que não podem ser reduzidas nem a um só fato nem a um só instante do tempo. *Em busca do tempo perdido* é, para Deleuze, a aprendizagem temporal de decodificação de diferentes tipos de signos. É através da atividade concreta da decodificação que podemos apreender o tempo: aprender do tempo.

Em sintonia com o ambiente semiótico da Paris pós-Saussure e pós-Hjelmslev[11] dos anos 1960, Deleuze afirmará que a realidade não se oferece ao sujeito em forma de objeto, mas em forma de signo codificado. Assim, o filósofo vai estruturar sua análise de Proust a partir da especificidade dos signos decodificados: sua matéria, sua forma, os efeitos que provocam, a relação entre signo e significado, a faculdade implicada no processo de decodificação, sua estrutura temporal e, finalmente, a relação particular que os signos estabelecem com a verdade.

O primeiro nível dos signos que se oferece à decodificação em *Em busca do tempo perdido* é o nível da "mundanidade". Curiosamente, os signos mundanos são os que aparecem na amizade e na filosofia. São signos vazios e estúpidos, dirá Deleuze, e, embora se ofereçam à inteligência, estão marcados pelo esquecimento. São signos cruéis e estéreis, já que dependem da própria falácia da representação, isto é, da ilusão de acreditar na realidade objetiva do signo sem conhecer as operações pelas quais ele faz substituições na estrutura do tempo. A amizade depende de certa boa vontade na interpretação dos signos, do mesmo modo que a filosofia depende da boa vontade na procura pelo verdadeiro. Deleuze opõe a amizade ao amor e a filosofia à arte. Enquanto a amizade e a filosofia são produtos da boa vontade, o amor e a arte dependem do intercâmbio de signos enganosos, mentiras que, como veremos, emanam de uma homossexualidade criptografada.

O segundo nível de codificação dos signos é o do amor. De acordo com Deleuze, Proust mostra em *Em busca do tempo perdido* que se apaixonar não passa de aprender a reconhecer o outro por seus signos específicos. O amor exige a dedicação do amante numa atividade intensa de decodificação dos signos particulares que o ser amado produz. O amante nessa obra é, antes de tudo, um "investigador" de signos, um tradutor e um intérprete, que aspira a decodificar os signos do amor em cada encontro sexual. Mas a decodificação de signos amorosos é paradoxal: à medida que o amante aprende a decodificar os signos da amada, compreende também que o código não foi criado para ele: "Não podemos interpretar os signos de um ser amado sem desembocar em mundos que se formam sem nós, que se formaram com outras pessoas, onde não somos, de início, senão um objeto como os outros".[12] É por isso que os mesmos signos que um dia convidaram ao amor agora o conduzem até a dor do ciúme. A decodificação torna-se, assim, decepção e desencanto quando os signos do ser amado excluem o amante. É dessa forma que todo o tempo investido na aprendizagem e na decodificação dos signos do outro aparece agora como tempo perdido.

Deleuze chamará de "contradição do amor" esta relação inversamente proporcional entre a decodificação e a verossimilhança do amor: quanto mais sofisticada é a decodificação dos signos da amada, mais próximo está o final do amor e a amarga decepção do ciúme. Mas é exatamente nesse momento que Deleuze muda a direção na qual os conceitos pareciam se mover para definir o ciúme não só como um afeto doloroso, mas também como um processo de descobrimento, como uma verdade que justifica a perda de tempo que implica a decodificação. O ataque de ciúmes é um momento de revelação crucial no processo de aprendizagem serial do amor. Junto à dor e à perda de tempo, o ciúme oferece ao amante, pela primeira vez, o prazer de uma verdade mais forte que o próprio amor: "O ciúme é mais profundo do que o amor; ele contém a verdade do amor".[13] O reconhecimento de um signo como mentira e o desenvolvimento dos ciúmes como exclusão e, portanto, como impossibilidade de continuar a decodificação, empurram o amante a abandonar o mundo da amada e a continuar a busca. Assim começa a primeira repetição serial do amor como interpretação de signos. Nessa primeira aproximação, o amor está condenado a ser simples monogamia heterossexual serial.

Mas essa semiologia dos ciúmes não teria nada de excepcional a não ser pelo modo como Deleuze, lendo Proust, vai resolver o problema da repetição e da serialidade (e, de quebra, a questão da monogamia). O aprofundamento dos signos, que começa com o primeiro ataque de ciúmes, atinge seu ponto de inflexão quando o amante reconhece que está excluído do mundo dos signos da amada não de um modo acidental, e sim estrutural, já que os signos que a amada produz não estão dirigidos a outro homem (com o qual o amante poderia se medir e competir), mas a outra mulher. A verdade do amor entre homem e mulher é dita em forma de mentira. O amor heterossexual, afirmará Deleuze seguindo Proust, é o produto enganoso de um intercâmbio de signos dirigidos a um outro encoberto: o homem produz signos para outros homens ("signos de Sodoma"), a mulher produz signos para outras mulheres ("signos de Gomorra"). O amor aparece, assim, como um campo de tiro semiótico no qual a relação heterossexual é o resultado do encontro fortuito, mas necessário, de balas cruzadas. Dirá Deleuze:

> No amor, a essência se encarna a princípio nas leis da mentira, mas, em seguida, nos segredos da homossexualidade: a mentira não teria a generalidade que a torna essencial e significativa se não se referisse à homossexualidade como à verdade que ela encobre. Todas as mentiras se organizam e giram em torno dela, como em torno de seu eixo.[14]

Como mais tarde mostrará René Schérer, os amores heterossexuais se caracterizam por sua "profundidade superficial", enquanto os amores de Sodoma e Gomorra descobrem uma "superfície saturada de verdade".

Assim, chegamos a compreender por que a aprendizagem dos signos não depende da boa vontade, nem de uma espécie de inclinação à verdade, mas da violência de uma situação concreta que nos leva a essa busca.[15] É por isso que a amizade e a filosofia, ainda que estejam próximas da produção de signos homossexuais, carecem de instrumentos adequados de decodificação, sendo fundamentalmente atividades "realistas" e ingênuas incapazes de enfrentar o signo que se desdobrou contra si mesmo na forma de mentira. A verdade do amor não é, como gostaria a filosofia, o pressuposto da razão, e sim o resíduo, o detrito de um processo de decodificação que só encontra sucesso na medida em que falha. A verdade é o resultado da violência que nos obriga a abandonar o prazer da repetição serial do amor, é a necessidade que nos faz acreditar na mentira e na força, com a qual a escolha da dor se impõe à vontade perante a ameaça de Sodoma e Gomorra. O ciúme do outro "homossexual" constitui o ponto de fuga e a linha de divergência da repetição serial de amores heterossexuais.

Finalmente, seguindo uma inércia que só encontrará razão de ser em *O anti-Édipo* e que supera a interpretação de Proust, Deleuze afirma: "A homossexualidade é a verdade do amor".[16] Nesse ponto o texto alcança uma complexidade injustificada: primeiro, Deleuze denomina amores "intersexuais" as relações heterossexuais, desenhando uma oposição entre intersexuais e homossexuais que remete à linguagem médica de fins do século XIX[17] e à qual não dará atenção explícita.[18] E, segundo, a homossexualidade se revela na realidade como produto de um hermafroditismo originário, sendo todo "amor intersexual" o acoplamento de dois corpos hermafroditas:

No infinito de nossos amores está o hermafrodita original. Mas o hermafrodita não é um ser capaz de fecundar-se. Ao invés de reunir os sexos, ele os separa; é a fonte de onde jorram continuamente as duas séries homossexuais divergentes, a de Sodoma e a de Gomorra. É ele que possui a chave da predição de Sansão: "Os dois sexos morrerão cada um para seu lado". Assim, os amores intersexuais são apenas a aparência que encobre a destinação de cada um, escondendo o fundo maldito onde tudo se elabora.[19]

Agora compreendemos distintamente como a homossexualidade é a verdade do amor: "A verdade do amor é, de início, a divisão dos sexos".[20] A homossexualidade, antes de ser identidade ou prática, é estrutura: separação originária dos sexos que funda o teatro do amor heterossexual.

Talvez em resposta a esta complexidade, Deleuze acrescenta, em 1970, uma segunda parte a *Proust e os signos* intitulada "A máquina literária", na qual inclui não só a distinção proustiana entre a homossexualidade grega e a homossexualidade judia, como também a análise dos dois tropos fundamentais da homossexualidade em Proust (que serão centrais para a esquizoanálise), a metáfora vegetal e a eletromecânica. É na segunda parte de *Proust e os signos* que ele incluirá, também, a distinção entre a *homossexualidade global e específica* e a *homossexualidade local e não específica*. Tal distinção se fará temática na oposição entre *homossexualidade molar* e *molecular* em *O anti-Édipo*. Por último, a homossexualidade, na figura de Charlus, irá se revelar como uma das máquinas literárias mais potentes, uma antecipação do que serão os objetos parciais, as máquinas desejantes e os corpos sem órgãos em *O anti-Édipo* e em *Mil platôs*.

A homossexualidade, para Deleuze, não se explica pelos signos autônomos que produz, mas por referência a uma unidade originária, a uma mitologia vegetal fundadora:

> É aí, justamente, que o tema vegetal adquire todo o seu sentido, por oposição a um *logos-vivente*: o hermafroditismo não é a propriedade de uma totalidade animal hoje perdida, mas a compartimentação atual dos dois sexos numa mesma planta. "O órgão masculino está separado nela por um tabique do órgão feminino." [...] Um indivíduo de determinado sexo (mas nenhum sexo é dado, exceto no agregado ou estatisticamente) traz em si mesmo o outro sexo, com o qual não pode comunicar-se diretamente.[21]

Tanto a homossexualidade como a heterossexualidade são produto de uma arquitetura disciplinadora que ao mesmo tempo separa os órgãos masculinos e femininos e os condena a permanecer unidos. Desse modo, toda relação intersexual (isto é, heterossexual) é o cenário do intercâmbio de signos hermafroditas entre almas do mesmo sexo, ou, nas palavras de Deleuze, "uma comunicação aberrante [que] se faz em uma dimensão transversal entre sexos compartimentados". Esta é a relação que Deleuze denominará "homossexualidade molecular":

> Não mais uma *homossexualidade global e específica* em que os homens se relacionam com os homens e as mulheres com as mulheres numa separação de duas séries, mas uma *homossexualidade local* e não específica em que o homem procura também o que há de masculino na mulher, e a mulher, o que há de feminino no homem; e isso na contiguidade compartimentada dos dois sexos como objetos parciais.[22]

Deleuze já efetuou, cuidadosamente, três substituições estratégicas: primeiro, onde deveria dizer heterossexualidade, diz intersexualidade; segundo, deu o nome de "homossexualidade local ou molecular" a uma forma particular dessas relações intersexuais. O terceiro deslocamento de significado, mais violento e injustificado, estabelecerá uma equação entre a "homossexualidade molecular" e o que Deleuze chamará de "transexualidade".[23] A esta altura, não devemos nos surpreender que Deleuze tome a noção de "transversalidade" para explicar essa forma específica de homossexualidade. Será Charlus quem levará a cabo o trabalho da transversalidade, atuando como "inseto polinizador" e fecundando os sexos de um modo que certamente haverá de complicar o discreto intercâmbio dos signos deleuzianos.

Detenhamo-nos um momento em Charlus, e sigamos, *através dele*, a transição entre as duas partes de *Proust e os signos* (entre as quais há seis anos de diferença, além da presença cada vez mais constante de Guattari na obra de Deleuze), ou melhor, entre a afirmação "a homossexualidade é a verdade do amor" e a restrição da homossexualidade a sua modalidade molecular a partir de 1970.

Deleuze parece oscilar, atraído por Charlus, entre duas leituras opostas da homossexualidade. Por um lado, a homossexualidade se apresenta como o cenário doloroso no qual se mostra a separação originária dos sexos. Charlus exibe a divisão e leva até o fim a polinização que aspira a reunir os sexos compartimentados. Nesse sentido, o homossexual é, antes de tudo, uma figura pedagógica, um espelho no qual o heterossexual observa sem perigo o devir do signo e a separação hermafrodita de seu próprio sexo, como se de outro se tratasse. Charlus é uma lente, um método de conhecimento, um instrumento de representação dos mecanismos que fundam o amor heterossexual. Por outro lado, Charlus parece anunciar a dissolução dos gêneros, o final do sexo como acoplamento de órgãos, e, de alguma maneira, ameaça a própria distinção entre homossexualidade e heterossexualidade.

Charlus não é só o personagem homossexual por excelência de *Em busca do tempo perdido*, mas, e sobretudo, o nome paradigmático da homossexualidade masculina; o narrador, ao reconhecer nos homens os traços afeminados da homossexualidade, dirá: "É um Charlus". Charlus é uma dobra de signos enganosos, um nó górdio de codificação e decodificação. O corpo de Charlus, saturado de signos, oferece-se ao trabalho da decodificação como um texto feito de carne. Na descrição de Charlus como rede de signos, Deleuze se aproxima curiosamente da explicação que dará mais tarde Eve K. Sedgwick, ao falar da dialética de mostrar-ocultar que caracteriza a "epistemologia do armário". O homossexual se mostra exatamente através dos mesmos signos que o dissimulam: "Os gestos, os olhares, os silêncios, as posturas são as cifras vivas de um hieróglifo".[24] Charlus não é simplesmente um emissor de signos (enganosos), sua essência mesma é ser signo. No entanto, essa inflação semiótica não se resolve em significação. Se, para Deleuze, a homossexualidade é uma forma superior de conhecimento, é exatamente porque nela se expressam e se dissolvem todas as contradições da metafísica ocidental: na figura de Charlus, vítima sacrifical de um ritual semiótico, produz-se a mudança do plano vertical da verdade como oposição entre o significante e o significado, entre o baixo e o elevado, entre o feminino e o masculino. Este é o primeiro momento da perversão: *inversão* nietzschiana de todos os contrários, transvaloração de todos os valores. Mas a perversão, num segundo momento, é principalmente a *torção* do plano vertical da verdade, a alteração da correspondência entre os signos e a verdade transcendental que estes parecem invocar. O plano horizontal da homossexualidade é um teatro no qual os signos circulam sem referente transcendental. Do mesmo modo que o esquizofrênico se entrega ao fluxo da cadeia de significantes sem sentido, Charlus *goza* do devir da simulação; talvez por isso Deleuze e Guattari afirmem em *O anti-Édipo*: "Charlus é certamente louco".

Charlus é ao mesmo tempo a encarnação do hermafrodita vegetal e do inseto polinizador que permite a comunicação dos sexos separados. Mas esta fecundação, que Deleuze chamará de "transexual", é descrita de um modo contraditório:

> Mas tudo se torna complicado porque os sexos separados, divididos, coexistem no mesmo indivíduo: "Hermafroditismo inicial" como numa planta ou num caramujo, que não podem ser fecundados por si próprios, mas "podem sê-lo por outros hermafroditas". Acontece, então, que o intermediário, em lugar de assegurar a união do macho com a fêmea, desdobra cada sexo em si mesmo. Símbolo de uma autofecundação, tanto mais comovente por ser homossexual, estéril, indireta.[25]

Charlus não pertence à ordem do indivíduo, situa-se além (ou aquém) do sujeito unissexuado, em um espaço botânico onde se encarrega de finalizar o trabalho de polinização. Esquiva o dilema sexual do Édipo graças à polinização anal: "Édipo já não deve saber se está vivo ou morto, se é homem ou mulher, pai ou filho. Incesto, serás zumbi e hermafrodita".[26] Charlus fecunda sem necessidade de irromper na filiação do pai e do filho. Entrega o ânus e evita o incesto: possibilidade de uma geração que escapa à cruel repetição da reprodução sexual. Sem dúvida agora, podemos concluir que o que fascina Deleuze, e o que ele denominará "homossexualidade molecular" em *O anti-Édipo*, é a habilidade do homossexual, inseto polinizador, de empreender um processo de fecundação, de geração e de criatividade entre aqueles que de outro modo seriam estéreis.

Charlus é o grande inseto polinizador, o que estabelece conexões fecundantes entre os hermafroditas; o que faz o trabalho paradoxal da "fecundação estéril".[27] O Charlus molecular situa-se antes e depois da história, antes da evolução animal que conduz ao homem e depois da humanidade como genealogia heterossexual edípica, aproximando-se da ordem sem sentido do antilogos: a ordem da máquina, da arte, do pensamento. Não se identifica nem com a culpa nem com o gueto,[28] não se deixa absorver pelas "duas associações malditas que reproduzem as duas cidades bíblicas", Sodoma e Gomorra. Agora, a distinção entre o Charlus molar e o Charlus molecular aparece mais clara, entre a paranoia e a esquizofrenia, entre a homossexualidade--identidade e a homossexualidade-transversal:

> Trata-se, sobretudo, da diferença entre dois tipos de coleções ou de populações: os grandes conjuntos e as micromultiplicidades. [...] Todo investimento é coletivo, todo fantasma é de grupo e, neste sentido, posição de realidade. Mas os dois tipos de investimento distinguem-se radicalmente [...]. Um é investimento de grupo sujeitado, tanto na forma de soberania quanto nas for-

mações coloniais do conjunto gregário, que reprime e recalca o desejo das pessoas; o outro é investimento de grupo sujeito nas multiplicidades transversais portadoras do desejo como fenômeno molecular, isto é, objetos parciais e fluxos, por oposição aos conjuntos e às pessoas.[29]

O Charlus molecular está feito de incessantes devires: devir-mulher, devir-animal, devir-flor, devir por um instante fluxo que entra e sai do ânus, mas não se identifica nem com a mulher nem com o inseto, nem com a flor nem com a merda. Charlus é molecular porque quando dá o cu, fecunda.

A molecularidade restringe a homossexualidade à fecundação, à geração e à criatividade.[30] Nesse sentido, um ato de criação supõe certa "fecundação estéril" entre "autores" do sexo masculino, uma geração inocente, vegetal, mecânica, virginal, mas... anal. Talvez por isso uma das definições mais citadas da criação filosófica em Deleuze (que curiosamente se encontra na resposta de Deleuze a Cressole) toma a forma de uma "inseminação pelas costas", "concebendo a história da filosofia como uma espécie de enrabada, ou, o que dá no mesmo, de imaculada concepção. Eu me imaginava chegando pelas costas de um autor e lhe fazendo um filho, que seria seu, e no entanto seria monstruoso".[31] A história da filosofia aparece, então, como uma cadeia de fecundações anais entre homossexuais moleculares sem gueto e sem culpa. Isto é, entre homens "intersexuais" que têm seus próprios guetos heterossexuais, mas se reproduzem entre si num circuito hermafrodita que escapa às leis da reprodução sexual.[32] Além da maldição da geração "natural" que parece dominar Édipo (reprodução uterina que encadeia o homem à filiação de Eva e, portanto, à culpa e à identidade), a homossexualidade abre o ânus molecular a uma fecundação artificial e monstruosa. Os filósofos anais da história estão ligados pelo fluxo textual de uma margarida que une ânus e pênis, que interpreta e traduz. A filosofia é, portanto, uma forma de inseminação artificial por meio da qual o ânus semiótico vem a ser útero (mulher) e mais tarde inseto polinizador (animal), e assim uma e outra vez, incessantemente. "Tudo existe nessas zonas obscuras em que penetramos como em criptas, para aí decifrar hieróglifos e linguagens secretas. O egiptólogo, em todas as coisas, é aquele que faz uma iniciação — é o aprendiz."[33] O filósofo, como bom egiptólogo em face do fluxo de signos, devém como mãe-proctologista que lança ao mundo a progenitura dos que se amaram até serem estéreis.

Anexos

Dildo

ENCONTRAMOS RESQUÍCIOS RELATIVOS à produção de brinquedos sexuais similares ao dildo que datam desde o século III a.C. A florescente cidade da Ásia Menor, Mileto, era famosa entre os gregos pela fabricação e exportação de *olisbos*. O *olisbos* era considerado, em sua época, "uma imitação do membro viril". Confeccionado em madeira ou em couro recheado, deveria ser generosamente untado com azeite de oliva antes de sua utilização. A julgar pelos diversos documentos escritos, o *olisbos* era utilizado não só por muitas mulheres para fins de masturbação, como uma maneira de compensar uma cultura sexual pouco preocupada com o prazer feminino, mas também por mulheres que os gregos denominavam *tribadas*, em atividades sexuais que excluíam a presença dos homens.[1]

O *Dictionnaire historique de la langue française* mostra o surgimento das palavras *godemichi* (1583) e *godmicy* (1578) para nomear objetos destinados à produção de prazer sexual. *Gode* pode significar "ovelha que não está mais prenhe" ou "homem suave ou afeminado". Nessas acepções, o dildo parece remeter não só à produção de prazer, mas também a uma feminilidade masturbatória e, por conseguinte, estéril e falsa em relação à utilização dos órgãos sexuais no chamado "coito natural". Edmond Huguet e Alain Rey apontam duas etimologias possíveis para a palavra *godemiché*: a primeira derivaria do latim medieval *gaudere* ou *gaude mihi*, que significavam "gozar"; *goder* é "gozar" ou então "estar sexualmente excitado"; a segunda viria da palavra catalã *gaudameci*, em referência ao "couro de Gadamés", do qual os dildos eram feitos. Em espanhol, encontramos acepções similares para as palavras *godeo*, *godesco* e *godible* que, no entanto, em nenhum momento serviram para nomear o dildo. Segundo Pierre Guiraud, o termo *godemiché* poderia derivar de *goder* ("brincar", "enganar") e de *Michel*, um nome de conotação erótica no século XVI. Por volta de 1930, *gode* é utilizado como abreviação de *godemiché* com o significado de "falo artificial".[2] Permito-me destacar aqui que a edição francesa da *Encyclopaedia Britannica*, em sua edição de 1980, evita mencionar *godemiché* entre Godard e Goethe.

Em inglês, o termo *dildo* surge no século XVI e parece derivar do italiano *diletto*, que quer dizer "prazer ou gozo". No inglês clássico a forma verbal *to dudo* significa "acariciar" uma mulher sexualmente. Aparentemente, os dildos eram fáceis de encontrar na Inglaterra durante os séculos XVII e XVIII. Um tratado clássico sobre os hermafroditas,[3] por exemplo, aponta a existência de mulheres que viviam com outras mulheres que se passavam ilegalmente por homens. O autor do tratado as denomina *female husbands* [maridos femininos] e diz que utilizavam dildos para "compensar a falta de pênis". Entre as escabrosas narrativas da medicina forense da época, contam-se casos de surpresa geral (inclusive das esposas) quando o verdadeiro "sexo" do "marido" era descoberto depois de sua morte.

Na gíria do século XIX, o significado de *dildo* era "pênis artificial" ou "instrumento feito de cera, couro, borracha etc., que tem a forma de um substituto do pênis, e que as mulheres utilizam como tal". Mas a palavra *dildo* pode também ter o sentido de "estúpido ou idiota".[4] Além das diferentes etimologias possíveis, encontramos dois sentidos recorrentes e principais: *dildo* e *gode* remetem ou a "um objeto que é um substituto do pênis na penetração vaginal" ou a um "homem fraco e afeminado". Por outro lado, é preciso destacar que o *dildo* é também um cacto muito espinhoso de flores cor-de-rosa que cresce em zonas desérticas do continente americano.

Curiosamente, não encontramos no dicionário etimológico da língua espanhola ou portuguesa nenhuma palavra que cubra o significado de *dildo* ou *godemiché*. E rejeitamos as fórmulas "consolo" ou "pênis de plástico". A primeira não é usada na cultura sexual lésbica para falar do *dildo*. Em vez de "consolos", falaremos aqui de "vibradores". Uma vez que o presente estudo me permitiu concluir que a maioria dos brinquedos sexuais que se agrupam sob a denominação *dildo* não são nem pretendem ser uma mera imitação em borracha ou silicone de um "pênis" (alguns deles estão mais próximos de uma mão ou uma língua prostética, por exemplo), preferi a palavra *dildo*, utilizada na cultura gay e lésbica da Espanha e da América do Sul, e deixar de lado os termos antiquados e redutores como "pênis de plástico".

A formação da palavra *dildo* nas línguas latinas estaria etimologicamente justificada pela relação com o termo em latim *dilectio*, amor, gozo, do qual derivam, entre outras, a palavra *dileção*, vontade honesta e amor reflexivo. De fato, esta última acepção me pareceu um bom significado para *dildo*: amor reflexivo.

Prótese, *mon amour*[1]

Para ZigZag

A HISTÓRIA QUE VOU CONTAR narra como as primeiras *butches* apareceram sobre a Terra. Tudo começou quando o computador não era senão uma penosa máquina de guerra, feita de centenas e centenas de fichas perfuradas. Eu não me lembro. Mas você tem que acreditar em mim: esta será uma guinada irreversível na monótona evolução dos corpos dos homens e das mulheres.

🚹 ⚒ 🚹

Dia 2 de setembro de 1945. Eleanor Roosevelt, a primeira *first lady* lésbica, recebe em seu gabinete ministerial os soldados brancos e negros que voltam do front. 🏚 Coitadinhos! Ninguém os espera em casa. As mulheres mais velhas e as recém-casadas, as brancas assim como as negras, todas aprenderam a trabalhar na fábrica durante a guerra. 🏭 Sobreviveram, como amazonas da era industrial: pela primeira vez, alimentaram a nação com óleo de máquina e não com leite.

Os Estados Unidos se apressaram a enviar seus rapazes à Segunda Guerra Mundial, mesmo que ainda imberbes e de bunda lisa, a fim de colocar ordem entre os povos. Quem ia dizer à nação que seus soldadinhos eram tão sujos como os comunistas ou as bichas? Mas os soldados americanos, assim como os europeus, tanto os aliados quanto os inimigos, escutaram o Chamado do Ânus. Descobriram, ao mesmo tempo, a violência das granadas e o delicado toque retal dos porretes. A guerra, sim, eu disse a guerra, haveria de dar lugar ao nascimento das primeiras comunidades homossexuais nos Estados Unidos. Quais iriam ser os inúmeros efeitos secundários dessa produção simultânea de guerra e homossexualidade? Como evitar a militância a partir daí? Como faríamos para distinguir entre as futuras comunidades sexuais e os esquadrões?

Alguns soldados haviam perdido um ou vários membros. As fábricas de guerra se transformaram em indústrias de fabricação de braços e pernas artificiais para reparar os corpos mutilados em combate. Das mesmas máquinas de onde antes haviam saído metralhadoras e bombas, agora sairiam novas pernas prostéticas articuladas. Charles e Ray Eames, dois dos arquitetos mais importantes dos anos 1950, entenderam que a transição da guerra para a paz implicava a transformação e a reciclagem das armas em novos objetos para a nascente e confortável sociedade de consumo. Assim, com o mesmo material com o qual se faziam as talas de compensado que seguravam os membros dos soldados feridos na batalha, os Eames fabricarão as cadeiras multicoloridas que povoarão os colégios e os salões americanos. A plasticidade e o baixo preço dos materiais serão os imperativos do novo mercado. Inclusive as latas de conserva, inventadas como provisões para tempo de guerra, irão se transformar agora em aliadas indispensáveis da moderna dona de casa.

▮ ▮ ▮ ▮ = ▯ = 🏠 = ▮

A marca da bomba Little Boy ficou impressa sobre uma película em nitrato de prata e foi simultaneamente tatuada sobre cada um dos corpos de Hiroshima naquele 6 de agosto de 1945. Tecnologias de representação e tecnologias de guerra: o mesmo combate. Um único e mesmo processo tecnológico está por trás da fabricação do moderno casal americano homossexual, do corpo insaciável do consumidor, da TV e de suas imagens rapidamente saturadas de cor, do plástico moldado em escala industrial, do automóvel e das estradas que o levarão até as zonas residenciais, da pílula, do diagnóstico pré-natal e da bomba H. Eu não vi nada. Mas sei que Marilyn e Elvis eram dois corpos perfeitamente plásticos, carburados pelas drogas, tão plásticos como o vinil no qual suas vozes foram gravadas. Os novos protótipos hollywoodianos de masculinidade e de feminilidade já eram tão artificiais que ninguém teria sido capaz de apostar um dólar para demonstrar que Elvis não era um *drag king* ou Marilyn uma transexual siliconada. Anos mais tarde, o Caesars Palace de Las Vegas organizará um concurso de Marilyns e de Elvis, imitações modelares de seus heróis de plástico, vindos de todo o país.

É assim que, depois da guerra, o capital, o maior dos sistemas prostéticos, põe-se a devorar e a comercializar as produções de identidade sexual. Tanto os objetos de consumo comum como as pernas prostéticas e os peitos de silicone passam a ser produzidos em escala industrial seguindo processos semelhantes de design, produção e venda. Os corpos fazem fisiculturismo, se reconfiguram, se irradiam, se plastificam, se vitaminam, se hormonizam... As performances de gênero pertencem a esse novo corpo do capital, são o novo mecanismo de reprodução sexual-industrial. O sucesso da nova máquina capitalista depende de sua capacidade de pôr a plasticidade dos materiais e os corpos a serviço da produção do novo consumidor. Depois, pouco a pouco, essa plasticidade alcançará dimensões globais. A própria terra se transforma assim em uma grande indústria biopolítica. Por trás dessa fabricação se esconde a narrativa heterossexual e colonial que justifica a reprodução *ad aeternum* do corpo mecânico dos homens e da carne natural (e comestível) das mães.

⚥ = 'Y' = ⚥

produção em massa de objetos de consumo =
nova cultura do corpo plástico =
novas performances de gênero

Enquanto Nixon vendia máquinas de lavar para a URSS, as lésbicas americanas começavam a trabalhar seus músculos em segredo, como antes haviam feito os soldados, e a se prover de próteses que assustavam seus pais. Em pouco tempo, comprovaram que os músculos e os dildos lhes caíam bem. Nas ruas das grandes cidades, de San Francisco a Nova York, próximo dos lugares onde as transexuais vendiam seus seios maleáveis aos turistas, são abertos os bares onde as primeiras *butches*, com suas botas de borracha e dildos de látex, encontram as primeiras *femmes*. Quem poderia recusar um pau de plástico quando em todo o país objetos e corpos se plastificavam e se (des)coloriam?

Em meio a casas pré-fabricadas e robôs de cozinha, a *butch* parecia um corpo de design tecnicamente simples e acessível, mas sofisticado e caro em termos sociais e políticos. Como se tivesse sido submetido à mesma transformação que o capitalismo tecnopatriarcal, o corpo retrolesbo dos anos 1950 muda ao ritmo da máquina. A *butch* não veio até nós, humanos naturais de todo tipo, a bordo de um óvni. Tampouco desembarcou de um Sputnik comunista. Cresceu na fábrica. Triplamente oprimida, por causa de sua classe, de seu gênero e de seu desejo sexual, a *butch* está mais próxima da objetivação das máquinas do que da suposta subjetividade dos seres humanos. É proletária e guerrilheira. Não tem medo de colocar o corpo em jogo. Conhece bem o trabalho manual.

A antropologia colonialista do pós-guerra, herdeira do laboratório-campo de concentração, nos diz que o primata abandonou sua condição animal graças à liberação do polegar, que lhe permitiu fabricar o instrumento e manejar a arma. Pois bem, para completar esta ficção a serviço da mão do homem branco europeu, poderíamos dizer que a *butch* abandonou sua condição feminina graças à sua mão trabalhadora. A mão que trai a feminilidade pelo gesto indecente, deslocado, inconveniente, pela incorporação dos instrumentos de trabalho, pela excelência na manipulação, pelo acoplamento inesperado com a máquina, pela facilidade para fazer o encanamento do corpo, pela força terna...

Raramente, em meio ao tédio proporcionado pela repetição das atitudes de gênero, das posições dos corpos, dos gestos sexuais e do zumbido monótono dos gritos orgásticos, produz-se um acontecimento, uma tentativa desesperada de reescrever as leis da cartografia anatômica, de mudar de pele, de chamar o prazer por outro nome. A *butch* é esse acontecimento. Introduz uma deriva na evolução do corpo heterossexual.

Filha de uma época pós-metafísica, torna-se ladra de tecnologia ao perceber que o gesto da mão, a utilização de instrumentos e a propriedade das máquinas não estão naturalmente vinculados a uma única essência, feminina ou masculina. Como uma espiã indiscreta, irrompe na fria sala na qual o casal heterossexual assiste à televisão e cria seus filhos e rouba as próteses que permitiam aos homens disfarçar sua dominação da natureza. Seu mais belo golpe é ter sido capaz de simular a masculinidade. Sua mais hábil estratégia, o contrabando de acessórios para fabricar o gênero. Em primeiro lugar, a camiseta branca, a calça chino,[2] o cinto de couro, as faixas para achatar o peito, o gel para fixar o cabelo para trás... Mas também os aparelhos que multiplicam o movimento e a comunicação: primeiro a moto, depois a máquina de escrever, a câmera, o computador... Primeiro o dildo, depois os hormônios, a própria carne.

Em um primeiro momento, a *butch* não foi senão uma inversão de gênero posta a serviço da *femme* (a *butch* é o "namorado perfeito", o "príncipe encantado" com que todas as moças sonharam). Depois, foge aos constrangimentos da feminilidade heterossexual e leva sua transformação ao limite para se livrar de seu *télos* aparente: o corpo masculino. Mesmo quando se assiste a uma masculinização das atividades da *butch* ligada à utilização de diversas próteses mais ou menos sofisticadas que durante muito tempo foram privilégio dos homens, em nenhum caso esta utilização dá lugar aos mesmos efeitos de dominação. A prótese não é essência. É trânsito. É efeito múltiplo e não origem única. Não existe mais do que em um contexto concreto: o do enxerto. Os instrumentos e as ferramentas, separados das práticas de poder ligadas à masculinidade, constituem o objeto de uma descontextualização contrassexual.

Na história da cultura sexual, a *butch* é aquela que inventa o sexo conceitual para as operárias. Recicla seus órgãos em máquinas sáficas. Cha-cha-cha-uh-uh! Como transar sem homens e sem mulheres? Não existe sexo *butch/femme* fora de uma deriva dos papéis sexuais e de gênero, de certo compromisso prostético. Prazer/dor, recortar/colar, *top/bottom*, *butch/femme* não passam de vetores divergentes, matrizes operacionais, cifras variáveis de um desejo múltiplo.

⚥ ⚥ ⚥

A *butch* fez a si mesma. É mais fria do que a guerra, mais dura do que a pedra. É chamada de Stone Butch. Intocável, administra uma economia de recessão *contrassexual*, consagrando um espaço mínimo de seu corpo (feminino) ao prazer. Produz a máxima quantidade de prazer fora de seu corpo, em um espaço diferido, ao mesmo tempo plástico e carnal. A *butch* não se toca nem se penetra. Eu ainda não vi nada, mas sei que o prazer não vem do corpo, masculino ou feminino, mas da encarnação prostética, da interface, ali onde o natural e o artificial se tocam.

Mas a *butch* é também o resultado de um curto-circuito entre a imitação da masculinidade e a produção de uma feminilidade alternativa. Sua identidade surge exatamente do desvio de um processo de repetição. Aparentemente masculina, com seu cabelo raspado e seu cigarro na mão, a *butch* se proclama herdeira de uma masculinidade fictícia, que nem foi nem pode ser encarnada pelos homens (dado que estes acreditam na masculinidade), e que só uma sapatão pode representar e imitar com sucesso.

Por isso, a *butch* está às antípodas do desdobramento da masculinidade heterossexual. De pedra, e no entanto sensível, dura, e no entanto terna, intocável, e no entanto multiorgástica. Seu corpo, negado e magnificado ao mesmo tempo, faz-se transar sem ser penetrado, penetra sem transar.

Os estereótipos da masculinidade e da feminilidade heterossexual não servem para caracterizar as permutações da sexualidade que se produzem no encontro *butch/femme*. Joan Nestle, a mais carismática das *femmes* dos anos 1970, conta que uma verdadeira *femme* não sai à rua sem levar seu dildo na bolsa. É a *femme* que amarra o dildo cuidadosamente na cintura, no braço ou na perna da *butch*. A *butch* sem a *femme* não tem sexo. A *butch* come a *femme* com o dildo que esta lhe deu. Como estabilizar a deriva dos órgãos? A quem pertence o dildo? Quem é então o corpo penetrado? Onde se produz o acontecimento da incorporação?

O dildo da *butch* não é senão uma prótese, entre outras, que prolonga e aumenta a capacidade já confirmada de sua mão trabalhadora. O dildo é, antes de tudo, uma máquina manual à qual a *butch* aporta seu impulso motriz. Basta enxertar essa mão experiente no tronco da *butch* para que se transforme em uma prolongação plástica da pélvis. A *butch* dos anos 1950 já é queer porque reconhece sua condição prostética, enquanto o macho ainda continua persuadido de sua superioridade natural.

A prótese não vem compensar fantasmagoricamente uma falta, não é alucinatória nem delirante, mas, como os seios no torso nu do presidente Schreber, constitui um lado de intensidade produtivo.³ A metafísica da falta, que certas teologias e certas formas de psicanálise compartilham, gostaria de nos convencer de que falta alguma coisa a todos nós. Dizem-nos que o mundo está em ordem porque às mulheres falta o pênis, porque aos homens faltam os úteros/seios, porque aos homens e às mulheres falta o "falo transcendental" — ou o megadildo. Dizem-nos que aos animais falta a alma, que às máquinas cibernéticas faltam a carne e a vontade, que as conexões elétricas compensam essa deficiência com um excesso de informação... Não nos falta nada. Deleuze e Guattari já haviam dito isso. Não nos falta nem o pênis nem os seios. O corpo já é um território pelo qual órgãos múltiplos e identidades diversas cruzam. O que nos falta é vontade, todo o resto sobra.

Essa é a especificidade da *butch*, seu desejo produtivo. Quando tudo parecia indicar que uma menina com modos de rapaz fazia uma simples imitação da masculinidade, compensando alguma "falta", a *butch* toma a iniciativa e produz corpos.

A *butch* dos anos 1950 é um ciborgue sexual *low-tech*, feito na fábrica e operado no lar. Sua identidade é um artefato: um tecido transorgânico feito de peças soltas tomadas dos restos da heterossexualidade. Seu corpo é um espaço privilegiado para a implantação e o deslocamento de novos órgãos sexuais. A *butch* é ao mesmo tempo um aparelho e um terminal em que outras próteses podem se conectar. Como Monique Wittig, não tem vagina. Seu sexo não é genital. Seu corpo não é o objeto anatômico da ginecologia ou da endocrinologia. Alterando a reprodução da ordem heterossexual, introduzindo um corte na cadeia da imitação da natureza, a *butch* é extraída das leis da evolução. É pós-humana e pós-evolutiva. Trata-se de uma mutação política que acontece nas células, nos órgãos...

Mas esse momento revolucionário não teve nada de futurista, nem de utópico. Não houve nenhum glamour. As primeiras *butches* não estavam na moda, não eram *hip*, nem cool. Eram corpos de braços musculosos e pernas robustas que, ao passar pela rua, suscitavam comentários em voz baixa: "olha só aquela caminhoneira", "essa aí é fancha", "será que essa sapatão de merda acha que é homem?".

Uns cantam: 🔊 ♪ ♪ ♪ a *butch* é feia ♪ ♪ ♪
Outros respondem: 🔊 ♪ ♪ ♪ a *butch* é sexy ♪ ♪ ♪

A feiura prostética é a nova estética do corpo lésbico.

Complementos, dildos, implantes, drogas, hormônios etc.: outras tantas próteses, outras tantas zonas de produção do gênero. A prótese é o acontecimento da incorporação. Historicamente, é o único modo de "ser corpo" em nossas sociedades pós-industriais. A prótese não é abstrata, não existe senão aqui e agora, para este corpo e neste contexto. Eu ainda não vi nada, mas sei que, no século XXI, todos os gêneros serão prostéticos: a masculinidade e a feminilidade serão termos que designam estruturas históricas (e talvez caducas) de incorporação. Por isso, a *butch*, enquanto corpo prostético, não é exceção, mas parte de um processo generalizado de produção de identidade. O machinho espanhol não é menos prostético do que a sapatão, as curvas de Pamela Anderson não são menos artificiais do que as de Bibi Andersen (tão gloriosas!).

Conscientes ou não, como a Agrado de Almodóvar, estamos todos à espera da transprodução prostética de nossos corpos:

de um novo modem, de um marca-passo, de um transplante de medula, de novos coquetéis antivirais, de um êxtase melhor, de um hormônio que faça crescer o clitóris e não o pelo, da pílula para homens, de um Viagra para donas de casa...

As *butches* do novo século já não sentem necessidade de parecer com James Dean, nem de ter um pênis como o do papai. Brincam com a sequência de DNA que as separa da evolução heterossexual e MUDAM.

Nova York, 30 de outubro de 2000

Nota do autor

Este manifesto é também um diário de viagem entre a França e os Estados Unidos. Cheguei a Paris em janeiro de 1999, graças a um convite de Jacques Derrida para assistir ao seu seminário na École des Hautes Études. Vim para ver o que poderia significar "fazer desconstrução" na França, e também para encontrar o rastro perdido de Monique Wittig. Quando digo "desconstrução", refiro-me à recepção transatlântica da filosofia de Jacques Derrida, sobretudo através da leitura que Judith Butler fez dela, e ao que se denominou nos anos 1990 de teoria queer.

Sem dúvida, é necessário se perguntar pelas práticas de leitura e de tradução que se produzem em ambos os lados do Atlântico... O que faz com que a desconstrução possa parecer na França um jogo intelectual politicamente neutro, enquanto na América é, antes de tudo, uma prática de infiltração e hibridação das linguagens que mina as funções normativas e naturalizantes das instituições políticas e sociais, submergindo-as em uma deriva irreversível. Desconstrução? Talvez fosse melhor falar de "tradução", ou de "enxerto", ou simplesmente de "dildo".

Este pequeno livro "encontra" seu lugar no espaço político e teórico que poderia ter ficado aberto na França se *The Straight Mind* tivesse sido publicado em francês, se sua autora não tivesse fugido para o deserto, e se o lesbianismo radical francês não tivesse se escondido e traído a si mesmo atrás do nome de feminismo.

Quais são os textos que deveriam fazer parte do "cânone" desviante da filosofia queer? Onde encontrar as mulheres que ainda lembram as origens de um movimento sexual político radical? Como encontrar o fio anglo-saxão que permite compreender a cadeia lésbica francesa? Falar de filosofia queer é viajar guiado só por uma cartografia invisível e, na ausência de solução no horizonte, inventar o Arquivo.

Agradecimentos

Ao grupo francês ativista queer zoo e a todos aqueles e aquelas que compareceram ao seminário Q no inverno de 1999 e na primavera de 2000, quando elaborei algumas das ideias centrais deste livro, sobretudo a Xavier Lemoine, Marco Dell'Omodarme, Martine Laroche, Sophie Courtial, Nini Francesco Ceccherini, Jacques Isnardi, Bernadette Henique, Gérard Verroust, Catherine Viollet... E a Suzette Robichon-Triton, a quem devo quase todas as peças do arquivo lésbico que não tive que inventar. Às feministas que em diferentes ocasiões me deram a oportunidade de me expressar em seminários e conversas na França: Nicole-Claude Mathieu, Danielle Charest, Gail Pheterson, Françoise Duroux...

Ao departamento de filosofia da New School e a meus professores Jacques Derrida, Ágnes Heller, Richard Bernstein, Alan Bass, Jessica Benjamin, Jeffrey Escoffier, Dion Farquhar, Yirmiyahu Yovel, Alan Bérubé, Joel Whitebook... À Comissão Fulbright de intercâmbios hispano-americanos. À Escola de Arquitetura da Universidade de Princeton, onde terminei minha tese de doutorado, e especialmente a Beatriz Colomina e a Mark Wigley. A Georges Teyssot, que me deu a ideia de refletir sobre a incorporação prostética e a prótese. Se aprendi com todos, nenhum deles deve se sentir responsável pelo resultado inesperado de seus ensinamentos.

A Maryvonne Saison, que me incentivou a trabalhar sobre Deleuze e me deu a oportunidade de ler publicamente, e pela primeira vez, o exercício contrassexual que trata da homossexualidade molecular de Deleuze.

A Gabbie, do Toys in Babeland de Nova York, que generosamente incrementou minha coleção de dildos.

A meus pais, que apoiaram minhas atividades de leitura e de escrita contra suas convicções mais profundas.

A LSD e a Fefa Vila, que foram minhas primeiras leitoras na Espanha. A Ana Gil Costa, que me ofereceu meu primeiro exemplar de *The Straight Mind*, em Nova York. Àquelas e àqueles que, de distintas maneiras, sabendo ou sem saber, apoiaram minha atividade intelectual como lésbica: Pino Ortiz, Coloma Fernández Armero, Isabel Armero e Carlota Armero, Sally Gutiérrez, Beatriz Acevedo, Laura Cottingham, Luz María Fernández, María Mercedes Gómez, Antonio Blanch, Anne Rousseau, Marine Rambach, Charo Corral, Azucena Veites, María José Belbel... E, sobretudo, a Coché Echarren, minha irmã e amiga.

A meu confiante editor francês, Guillaume Dustan, ânus glorioso e bom transportador de dildos.

A Julio Díaz e Carolina Meloni, que refrescaram minha memória do espanhol com sua excelente tradução para esta língua. A Paco Vidarte e Cristina de Peretti, que revisaram a edição em espanhol. A Antonio Pastor Bustamante, que me animou a me traduzir à minha própria língua.

À Fundação LUMA, onde escrevi a introdução deste livro.

Notas

Introdução [pp. 9-27]

1. Georges Bataille, *A parte maldita*. Trad. de Júlio Castañon Guimarães. Belo Horizonte: Autêntica, 2013.
2. Excluo as práticas clínicas dissidentes realizadas por pessoas como Jean Oury e Félix Guattari, e que hoje continuam nos projetos de Suely Rolnik e outros.
3. Gilles Deleuze e Félix Guattari, *O anti-Édipo*. Trad. de Luiz Orlandi. São Paulo: Ed. 34, 2010.

O que é a contrassexualidade? [pp. 29-44]

1. Ao longo deste texto, preferi usar a palavra "sapatão" em vez do sinônimo "lésbica", pois o primeiro termo surgiu de um esforço interno de autonominação e ressignificação feito pela cultura lésbica. A palavra "sapatão" mostra a força performativa da transformação de um insulto, é o equivalente mais próximo do inglês "queer".
2. Mais uma vez, preferi usar o termo "dildo", proveniente da cultura sexual anglo-saxônica, em vez dos diferentes sinônimos "cinta-caralha", "cinta-pinto", "cinta peniana" ou "pinto de plástico" por razões que ficarão claras nos capítulos que se seguem. Antecipando um dos argumentos centrais deste livro, poderíamos dizer que um dildo não é um "pênis de plástico", mas, na verdade, em que pesem as aparências, que o pênis é um dildo de carne (ver "Dildo", p. 193).
3. Judith Butler, *Gender Trouble: Feminism and the Subversion of Identity*. Nova York: Routledge, 1990. [Ed. bras.: *Problemas de gênero*. Trad. de Renato Aguiar. Rio de Janeiro: Civilização Brasileira, 2003.]
4. A expressão "sistema sexo/gênero" foi utilizada pela primeira vez por Gayle Rubin em seu artigo "The Traffic in Women". In: Rayna R. Reiter (Org.), *Towards an Anthropology of Women*. Nova York: Monthly Review Press, 1975.

5. Jacques Derrida, *De la grammatologie*. Paris: Minuit, 1966.
6. Donna Haraway, *Simians, Cyborgs, and Women: The Reinvention of Nature*. Nova York: Routledge, 1991.
7. Ver Monique Wittig, "The Category of Sex". In: _____. *The Straight Mind*. Boston: Beacon Press, 1992. Ver também a nova versão francesa traduzida por Marie-Hélène Bourcier: *La Pensée straight*. Paris: Balland, 2001.
8. Ver Judith Butler, *Bodies that matter. The Discursive Limits of Sex*. Nova York: Routledge, 1993. [Ed. bras.: *Corpos que importam: Os limites discursivos do sexo*. São Paulo: n-1 edições/Crocodilo, 2019.]
9. Jacques Derrida, "Signature événement context". In: *Marges de la philosophie*. Paris: Éditions de Minuit, 1972, pp. 382-90. [Ed. bras.: "Assinatura, acontecimento, contexto". In: _____. *Margens da filosofia*. Trad. de Joaquim Torres Costa e António M. Magalhães. Campinas: Papirus, 1991, pp. 349-73].
10. Paradoxalmente, essa plataforma de repetição e reiteração é, ao mesmo tempo, tanto o lugar da formação compulsiva do sujeito heterossexual quanto o espaço no qual acontece toda subversão possível. Ver Judith Butler, *Gender Trouble*. Nova York: Routledge, 1990, pp. 128-34.
11. As expressões F2M e M2F correspondem respectivamente às mudanças "feminino para masculino" e "masculino para feminino", fórmulas de autodenominação surgidas na comunidade transexual anglo-saxã para nomear as pessoas em transição hormonal e/ou cirúrgica.
12. Monique Wittig, *La Pensée straight*, op. cit., p. 97.
13. Gilles Deleuze e Félix Guattari, *O anti-Édipo*. Trad. de Luiz Orlandi. São Paulo: Ed. 34, 2010, p. 189.

PRÁTICA 1: **O ânus solar de Ron Athey: Iteração de um dildo sobre sapatos com salto agulha, seguido de autopenetração anal** [pp. 63-6]

1. A iteração neste contexto refere-se à noção derridiana de iterabilidade, segundo a qual a principal característica de um "nome próprio" e de uma assinatura não é sua originalidade, mas o fato de poderem ser repetidos. Ver Jacques Derrida, "Signature Event Context". In: *Margins of Philosophy*. Trad. de Alan Bass. Chicago: University of Chicago Press, 1982, pp. 307-30.

A lógica do dildo, ou as tesouras de Derrida [pp. 77-94]

1. Os termos *pré-op* e *pós-op* se referem aos estados pré-operatório (isto é, hormonal) e pós-operatório das transformações do corpo transexual.
2. As práticas *butch/femme* apareceram na cultura lésbica americana no final dos anos 1940 como declinações da masculinidade (*butch*) e da feminilidade (*femme*) e dos papéis sexuais tradicionalmente entendidos como masculinos e femininos. Em todo caso, tanto a *butch* como a *femme* representam duas formas de distanciamento da identidade de "mulher" tal como entendida na cultura heterossexual.
3. Elaine Creith, *Undressing Lesbian Sex*. Londres: Cassel, 1996, p. 91.
4. Teresa de Lauretis, *The Practice of Love: Lesbian Sexuality and Perverse Desire*. Indianápolis: Indiana University Press, 1994, p. 220.
5. Ibid., p. 113.
6. Ibid., p. 110.
7. Ibid., p. 101.
8. Judith Butler, *Bodies that Matter*. Nova York: Routledge, 1993, pp. 57-91.
9. Devo a Ira Livingston esta acertada observação.
10. Judith Butler, op. cit., p. 158.
11. Jack Halberstam, *Female Masculinity*. Durham: Duke University Press, 1998, p. 215.
12. Jacques Derrida, *Gramatologia*. Trad. de Miriam Schnaiderman e Renato Janine Ribeiro. São Paulo: Perspectiva, 1973, p. 178.
13. Maurice Merleau-Ponty, *A fenomenologia da percepo*. Trad. de Carlos Alberto Ribeiro de Moura. São Paulo: Martins Fontes, 1999.
14. Sobre o *gender-fucking* no sexo entre sapatões, ver Cherry Smyth, *Lesbians Talk Queer Notions*. Londres: Scarlet Press, 1992.

Breve genealogia dos brinquedos sexuais ou de como Butler descobriu o vibrador [pp. 95-124]

1. Gilles Deleuze, "A ascensão do social". In: Jacques Donzelot, *A polícia das famílias*. Trad. de Maria Thereza da Costa Albuquerque. Rio de Janeiro: Graal, 1980, pp. 5-6.
2. Michel Foucault, "On the Genealogy of Ethics: An Overview of Work in Progress" (1983). In: Paul Rabinow (Org.), *Ethics: Subjectivity and Truth: The Essential Works of Foucault, 1954-1984*. Nova York: New Press, 1997, p. 255.

3. No estudo de Newton, as travestis costumam ser de origem caribenha e de classe baixa — fatores que passam desapercebidos na análise de Butler. Ver Esther Newton, *Female Impersonators in America*. Chicago: University of Chicago Press, 1972.
4. De algum modo, se a noção de "técnica" permitiu a Foucault passar dos discursos às práticas, em Butler a noção de performatividade percorre um caminho oposto, levando das performances aos discursos.
5. Embora seja possível defender uma relação estrutural entre esta noção butleriana de performance e a utilização da performance como instrumento político no feminismo dos anos 1970 e na *body art*.
6. Para um resumo dessas críticas, ver Jay Prosser, *Second Skins: The Body Narratives of Transsexuality*. Nova York: Columbia University Press, 1998.
7. A oposição de Prosser entre transições "discursivas" e "corporais" evidencia a insuficiência das análises da performance de gênero para dar conta das incorporações concretas da sexualidade e do gênero.
8. Refiro-me aqui à ambiguidade com que certas teorias psicanalíticas, como a de Julia Kristeva, adotam esquemas construtivistas do gênero, ao mesmo tempo que privilegiam modelos tradicionais de feminilidade (maternais e pré-linguísticos).
9. Essa atenção às práticas, ao que "se faz", já era uma constante da arqueologia foucaultiana.
10. Gayle Rubin em entrevista a Judith Butler. "Sexual Traffic". In: Elisabeth Weed e Naomi Schor (Orgs.), *Feminism Meets Queer Theory*. Indiana: Indiana University Press, 1997, p. 85.
11. A oposição entre o tato e a visão estruturou as noções modernas de ciência e conhecimento. O tato, como o amor, é associado com a cegueira e, portanto, com a falta de autonomia, com a doença. Ver D. M. Levin (Org.). *Modernity and the Hegemony of Vision*. Berkeley: Berkeley University Press, 1993; e Terry Smith (Org.), *Visible Touch*. Sydney: Power Publications, 1997.
12. Ver Vern Bullough, *Sexual Variance in Society and History*. Nova York: Wiley, 1976.
13. Reay Tannahill, *Sex in History*. Nova York: Scarborough House Publishers, 1992, p. 344.
14. Samuel Auguste Tissot, *L'Onanisme. Dissertation sur les maladies produites par la masturbation*. 3. ed. Lausanne: Grasset, 1764.
15. Assim, por exemplo, segundo Tissot, uma das provas de que existe uma relação causal entre masturbação e loucura é a quantidade de

"jovens masturbadores" que povoam os asilos psiquiátricos na França e na Suíça.
16. Segundo Tissot, as secreções vaginais, nesse circuito energético, ocupam uma posição intermediária entre a água, o sangue e o sêmen, sem nunca alcançar o "poder ativo" que o sêmen possui. Ver S. Auguste Tissot, op. cit., p. 75.
17. Pensemos nas repercussões que esta definição do sexo como trabalho teria para a redefinição da prostituição.
18. Ver Vernon A. Rosario, *The Erotic Imagination: French Histories of Perversity*. Nova York: Oxford University Press, 1997.
19. Benjamin Rush, *Medical Inquires and Observations upon the Diseases of the Mind*. Filadélfia: Kimber & Richardson, 1812.
20. Edward B. Foote, *Plain Home Talk about the Human System*. Nova York: Wells and Co., 1871.
21. Ver Vern L. Bullough e Martha Voght, "Homosexuality and Its Confusion with the 'Secret Sin' in Pre-Freudian America". *Journal of the History of Medicine and Allied Sciences*, n. 28, pp. 143-55, 1973.
22. Segundo Sander Gilman, historiador de medicina, a pele é que deve carregar o estigma da doença, uma vez que o tato é o próprio limite da contaminação. Ver Sander L. Gilman, "Aids and Syphilis: The Iconography of Disease". *October*, v. 43, pp. 37-108, 1987.
23. Sobre as noções de contágio e contaminação em relação à política colonial, ver Michael Hardt e Toni Negri, *Império*. Trad. de Berilo Vargas. Rio de Janeiro: Record, 2001, pp. 151-3.
24. Vern L. Bullough, "Technology for the Prevention of 'les maladies produites par la masturbation'". *Technology and Culture*, v. 28, n. 4, pp. 828-32, out. 1987.
25. Ibid., 832.
26. David Halperin, *Saint Foucault: Towards a Gay Hagiography*. Nova York: Oxford University Press, 1995, p. 86.
27. *The SandMUtopiaN Guardian*, n. 34. Nova York: Adam and Gillian, 1999.
28. Ver Stephanie Heuze, *Changer le Corps*. Paris: La Musardine, 2000.
29. Ibid., p. 8.
30. Existe uma terceira linha tecnológica veterinária, que não analisarei aqui, mas que é importante para o estudo da produção diferencial da corporalidade animal e humana. Resta ainda pesquisar toda uma série de tecnologias comuns à produção da feminilidade histérica e

lésbica, do corpo do homem afeminado, da corporalidade negra e da animalidade. Certos instrumentos de uso exclusivamente veterinário são utilizados igualmente em práticas sexuais alternativas. Assim, por exemplo, o *"cattle prod"* é uma técnica híbrida que provém da mutilação e da castração de grandes animais domésticos, cuja eletrificação data também do século XIX, e que encontramos hoje no guia das práticas sexuais alternativas da *SandMUtopiaN Guardian*. A página de apresentação destas técnicas é acompanhada de instruções detalhadas de esterilização dos instrumentos e de introdução ao uso de medidas profiláticas, como a utilização de luvas e máscaras, de agulhas hipodérmicas, a esterilização dos cateteres etc. Cada exercício de *détournement* de uma técnica implica, portanto, a reapropriação de certo discurso científico em uma subcultura popular e, em consequência, a interrupção e o desvio dos circuitos de produção e distribuição do prazer-saber.
31. Ambroise Paré recomenda como terapia, ainda assim, o casamento para as jovens damas, o galope a cavalo para as mulheres maduras e as viúvas, e o tratamento à base de *oleum nardum* somente em casos extremos.
32. Pierre Briquet, *Traité Clinique et thérapeutique de l'hystérie*. Paris: J. B. Baillière, 1859. Citado em Rachel Maines, *Technologies of Orgasm: Hysteria, the Vibrator and Women's Sexual Satisfaction*. Baltimore: The Johns Hopkins University Press, 1999, p. 37.
33. Sobre a tecnificação da histeria, ver os estudos de Thomas Laqueur, *Making Sex: Body and Gender from the Greeks to Freud* (Cambridge: Harvard University Press, 1990), e de Rachel Maines, op. cit.
34. Rachel Maines, op. cit., caps. 4 e 5.
35. Entre esses aparelhos cabe destacar a barra e a cadeira vibratórias e o *trunk-shaking*, o vibrador eletromecânico centrífugo.
36. Rachel Maines, op. cit., p. 57.
37. Existe todo um conjunto de técnicas hidroterapêuticas do tratamento da histeria, como a ducha, por exemplo, que vão seguir um curso de passagem das instituições médicas para o espaço doméstico e de reapropriação como técnicas de produção de prazer.
38. Ver Michel Foucault, *História da sexualidade*, v. 1. Trad. de Maria Thereza da Costa Albuquerque e J. A. Guilhon Albuquerque. Rio de Janeiro: Graal, 1977.
39. Ver Jacques Derrida, *A farmácia de Platão*. Trad. de Rogério da Costa. São Paulo: Iluminuras, 2005.

40. Jules Amar, *Organisation physiologique du travail*. Paris: Dunod et Pinot, 1917.
41. A Good Vibrations, com sede em San Francisco desde 1977, é a primeira sex shop feminina e de vontade feminista.
42. Não nos esqueçamos da importância da mão no discurso antropológico como um utensílio de trabalho e, portanto, indicador da diferença específica animal/homem e de gênero feminino/masculino.
43. Michael A. Rosen, "Molly, 1993". In: _____. *Sexual Art: Photographs that Test the Limits*. San Francisco: Shaynew Press, 1994.

Money *makes sex*, ou a industrialização dos sexos [pp. 125-46]

1. Ver *Le Transsexualisme en Europe*. Estrasburgo: Commission Internationale de l'État Civil, 2000.
2. Ver Marjorie Garber, *Vested Interests: Cross-dressing and Cultural Anxiety*. Nova York: Routledge, 1992, p. 329.
3. Refiro-me aqui ao "devir-mulher".
4. Tomo emprestada de Foucault essa formulação, que ele por sua vez tomou emprestada de Raymond Roussel e utilizou no início de *As palavras e as coisas*.
5. Sobre a evolução do movimento transexual e transgênero ver Pat Califia, *Sex Changes: The Politics of Transgenderism*. San Francisco: Cleis Press, 1996.
6. Suzanne J. Kessler, "The Medical Construction of Gender: Case Management of Intersexual Infants". In: Patrick D. Hopkins (Org.), *Sex/Machine: Readings in Culture, Gender, and Technology*. Indiana: Indiana University Press, 1998, p. 42.
7. Ibid., p. 244.
8. Ibid., p. 252.
9. Ibid., p. 251.
10. Ibid., p. 244.
11. John Money, "Psychological Counselling: Hermaphroditism". In: Lytt Gardner (Org.), *Endocrine and Genetic Diseases of Childhood and Adolescence*. Filadélfia: Saunders, 1975, p. 610.

Tecnologias do sexo [pp. 147-68]

1. Donna Haraway, *Primate Visions: Gender, Race and Nature*. Nova York: Routledge, 1998, pp. 9 ss.
2. A esse respeito, ver o interessante estudo de Jan Zimmerman, *The Technological Woman: Interfacing with Tomorrow*. Nova York: Praeger, 1983.
3. Jean-Fraçois Lyotard, "Can Thought Go on without a Body?". In: _____. *The Inhuman*. Stanford: Stanford University Press, 1991, p. 52.
4. Gena Corea, *The Mother Machine: Reproductive Technologies from Artificial Insemination to Artificial Wombs*. Nova York: Harper and Row, 1985.
5. Michel Foucault, "Les Techniques de soi". In: _____. *Dits et écrits*, v. 4. Paris: Gallimard, 1994, p. 784.
6. Tal hibridação está clara nos discursos médicos sobre o câncer, a aids etc. Ver Donna Haraway, *Simians, Cyborgs and Women: The Reinvention of Nature*. Nova York: Routledge, 1991.
7. Sobre a desmaterialização da consciência na metafísica ocidental, ver Jean-Luc Nancy, *Corpus*. Paris: Métailié, 2000.
8. Christoph Asendorf, *Batteries of Life: On the History of Things and their Perception in Modernity*. Berkeley: California University Press, 1993, pp. 42-3.
9. Marie-Louise Roberts, *Civilization without Sexes: Reconstructing Gender in Postwar France*. Chicago: University of Chicago Press, 1994, p. 27.
10. Roxanne Panchasi, "Reconstructions: Prosthetics and the Rehabilitation of the Male Body in the World War in France". *Differences: A Journal of Feminist Cultural Studies*, ano 3, n. 7. Indiana: Indiana University Press, 1995, pp. 109-40.
11. Jules Amar, *La Prothèse et le travail des mutilés*. Paris: Dunot et Pinat, 1916.
12. Ibid.
13. Marshall McLuhan, *Os meios de comunicação como extensões do homem*. Trad. de Décio Pignatari. São Paulo: Cultrix, 1996.
14. Georges Teyssot, "Body Building". *Lotus*, Veneza, n. 94, pp. 121 ss., set. 1997.
15. Donna Haraway, *A Cyborg Manifesto*. Nova York: Routledge, 1985.
16. Norbert Wiener, *The Human Use of Human Beings*. Nova York: Avon, 1954.
17. Donna Haraway, *Simians, Cyborg and Women: The Reinvention of Nature*, op. cit., p. 212.

Da filosofia como modo superior de dar o cu [pp. 171-90]

1. Gilles Deleuze e Félix Guattari, *O anti-Édipo*. Trad. de Luiz Orlandi. São Paulo: Ed. 34, 2010, p. 97.
2. Esta será uma das acusações de Michel Cressole a Deleuze: usar a homossexualidade do mesmo modo que Greta Garbo usava seus óculos escuros, como uma pose esnobe. Ver Michel Cressole, *Deleuze*. Paris: Éditions Universitaires, 1973.
3. Neste artigo, não será possível responder à questão da relação que se estabelece entre as noções de homossexualidade molecular e de "devir-mulher", pois esta demanda uma análise independente. Deixarei de lado também a figura complexa de Albertine na discussão sobre Proust e os signos, que tratei em outro artigo: "Albertine Anal" (manuscrito não publicado). Sobre a cautela do feminismo americano diante do "devir-mulher", ver Ian Buchanan e Claire Colebrook (Orgs.), *Deleuze and Feminist Theory*. Edimburgo: Edinburgh University Press, 2000.
4. Em 1972, diretamente inspirado em *O anti-Édipo*, Guy Hocquenghem publica *Le Désir homosexuel* (Paris: Les Éditions Universitaires, 1972). Gilles Deleuze escreverá o prefácio de seu segundo livro, *L'Après-Mai des faunes*. Paris: Grasset, 1974.
5. René Schérer, *Regards sur Deleuze*. Paris: Éditions Kimé, 1998.
6. *Unité d'une prétendue philosophie du désir*. A narração de alguns desses encontros/desencontros deleuzianos pode ser acompanhada em François Châtelet, *Chronique des idées perdues*. Paris: Stock, 1997.
7. Michel Cressole, *Deleuze*. Paris: Éditions Universitaires, 1973, p. 102.
8. Gilles Deleuze, *Conversações*. Trad. de Peter Pál Pelbart. São Paulo: Ed. 34, 2008, p. 172.
9. Ibid., pp. 20-1.
10. Ver o argumento em torno deste problema em Ian Buchanan (Org.), *A Deleuzian Century?* Durham: Duke University Press, 1999, p. 5.
11. Deleuze e Guattari, em vez de seguirem a divisão de Saussure do signo em significante e significado, adotam a fórmula de Hjelmslev, segundo a qual o signo se desdobra em formas de conteúdo e em formas de expressão.
12. Gilles Deleuze, *Proust e os signos*. Trad. de Antonio Piquet e Roberto Machado. Rio de Janeiro: Forense Universitária, 2003, pp. 7-8.
13. Ibid., p. 8.
14. Ibid., p. 76.

15. Ibid., p. 14.
16. Ibid., p. 76.
17. O pai de Proust, Adrien Achille, foi um epidemiologista que trabalhou no estudo da afasia, da histeria e da neurastenia. Filho de médico e asmático desde os nove anos (na época considerado sintoma de uma condição psicopatológica), Proust conhecia bem as descrições médicas das patologias sexuais. Embora o discurso médico nunca seja evocado por Deleuze na análise de Proust, seria possível estabelecer uma aproximação entre a interpretação da homossexualidade de Proust (e, por derivação, de Deleuze) e a teoria do terceiro sexo, de Karl Heinrich Ulrichs. Desenvolvi esta conexão no texto "Devenir Urning" (manuscrito não publicado).
18. Em *O anti-Édipo*, Deleuze preferirá a linguagem da heterossexualidade à da intersexualidade.
19. Gilles Deleuze, *Proust e os signos*, op. cit., p. 10.
20. Ibid., p. 75.
21. Ibid., p. 128.
22. Ibid., pp. 129-30.
23. Ibid., p. 131.
24. René Schérer, op. cit., p. 65.
25. Gilles Deleuze, *Proust e os signos*, op. cit., p. 75.
26. Gilles Deleuze e Félix Guattari, *O anti-Édipo*, op. cit., p. 105.
27. Se, para Deleuze, Charlus é o inseto polinizador e a máquina desejante, para Guy Hocquengem, ele é sobretudo o "grande cu" e a "máquina de transar".
28. Sobre o tema da culpa e a consciência depressiva da lei ver Gilles Deleuze, *Proust e os signos*, op. cit., pp. 134-37; Gilles Deleuze, *Le Froid et le cruel*. Apresentação de Sacher-Masoch. Paris: Éditions de Minuit, 1967, capítulo 7; Gilles Deleuze, *O anti-Édipo*, op. cit., pp. 61-4; René Schérer, op. cit., pp. 71-3.
29. Gilles Deleuze e Félix Guattari, *O anti-Édipo*, op. cit., p. 370.
30. Deleuze conhece Guattari em 1969 e fica impressionado com ele, que, não sendo filósofo de formação, "encara a filosofia em estado de criatividade". A partir desse momento, Deleuze e Guattari irão trabalhar juntos em vários projetos durante mais de duas décadas. Gilles Deleuze, entrevista ao jornal *Libération*, 12 set. 1991.
31. Gilles Deleuze, *Conversações*, op. cit., p. 14.
32. Aqui seria preciso voltar aos escritos de Otto Weininger, de Nietzsche,

de Freud, de Lacan etc. para descobrir a pergunta pela heterossexualidade escondida atrás das pesquisas sobre a feminilidade, a diferença sexual ou a homossexualidade (ver a análise de Slavoj Žižek sobre Weininger, Nietzsche e Freud em *Metastasis of Enjoyment*. Nova York: Verso, 1995). A heterossexualidade molar é a verdade da "homossexualidade molecular". De repente, o problema de interpretação que parecíamos perseguir durante todo o texto se inverte: não se trata de saber por que Deleuze e Guattari se afirmaram como "homossexuais moleculares", e sim de entender por que não puderam, em 1970, fazer seu *coming-out* enquanto heterossexuais.

33. Gilles Deleuze, *Proust e os signos*, op. cit., p. 86.

Dildo [pp. 193-5]

1. Ver Reay Tannahill, *Sex in History*, op. cit., p. 99.
2. Pierre Guiraud, *Dictionnaire érotique*. Paris: Payot, 2006, verbete "*godemiché*".
3. Giles Jacob, *Tractatus de hermaphroditis* (1317). Project Gutenberg. Disponível em: <www.gutenberg.org/files/13569/13569-h/13569-h.htm>.
4. John S. Farmer e William Ernest Henley, *A Dictionary of Slang: An Alphabetical History of Colloquial, Unorthodox, Underground, and Vulgar English* (1903). Reimp. Londres: Wordsworth Editions, 1982, verbete "dildo".

Prótese, *mon amour* [pp. 197-207]

1. Este texto foi publicado pela primeira vez em francês, independentemente do *Manifesto contrassexual*, em Christine Lemoine e Ingrid Renard (Orgs.), *Attirances. Lesbiennes Fems/Lesbiennes Butches*. Paris: Éditions Gaies et Lesbiennes, 2001.
2. A calça chino é mítica para as *butches* americanas dos anos 1950. Em sua origem, essa calça reta de pinças, muito similar à calça de alfaiataria, mas feita de algodão, era utilizada pelos operários e pelos militares.
3. Gilles Deleuze e Félix Guattari, *O anti-Édipo*. Trad. de Luiz Orlandi. São Paulo: Ed. 34, 2010, p. 43.

Bibliografia

ASENDORF, Christoph. *Batteries of Life: On the History of Things and their Perception in Modernity.* Berkeley: California University Press, 1993.

BORNSTEIN, Kate. *Gender Outlaw: On Men, Women and the Rest of Us.* Nova York: Routledge, 1994.

BUCHANAN, Ian (Org). *A Deleuzian Century.* Durham: Duke University Press, 1999.

BULLOUGH, Vern. *Sexual Variance in Society and History.* Nova York: Wiley, 1976.

BUTLER, Judith. *Gender Trouble: Feminism and the Subversion of Identity.* Nova York: Routledge, 1990. [Ed. bras.: *Problemas de gênero.* Trad. de Renato Aguiar. Rio de Janeiro: Civilização Brasileira, 2003.]

_____. *Bodies that Matter: The Discursive Limits of Sex.* Nova York: Routledge, 1993. [Ed. bras.: *Corpos que importam: Os limites discursivos do sexo.* São Paulo: n-1 edições/Crocodilo, 2019.]

_____. *Excitable Speech: A Politics of the Performative.* Nova York: Routledge, 1997. [Ed. bras.: *Discurso de ódio: Uma política do performativo.* São Paulo: Ed. Unesp, 2021.]

CALIFIA, Pat. *Sex Changes: The Politics of Transgenderism.* San Francisco: Cleis Press, 1996.

Clinique de chirurgie esthétique St. Joseph, 1003 boulevard St. Joseph Est, Montreal, QC H 2G 1 L2 (folheto).

COREA, Gena. *The Mother Machine: Reproductive Technologies from Artificial Insemination to Artificial Wombs.* Nova York: Harper and Row, 1985.

CREITH, Elaine. *Undressing Lesbian Sex.* Londres: Cassell, 1996.

CRESSOLE, Michel. *Deleuze.* Paris: Éditions Universitaires, 1973.

DELEUZE, Gilles. *Proust et les signes.* Paris: PUF, 1964. [Ed. bras.: *Proust e os signos.* Trad. de Antonio Piquet e Roberto Machado. Rio de Janeiro: Forense Universitária, 2003.]

DELEUZE, Gilles; GUATTARI, Félix. *L'Anti-Oedipe.* Paris: Éditions de Minuit, 1972. [Ed. bras.: *O anti-Édipo.* Trad. de Luiz Orlandi. São Paulo: Ed. 34, 2010.]

_____. "Sur Capitalisme et schizophrénie", entrevista realizada por C. Backès-Clément. *L'Arc*, Paris, n. 49, pp. 47-55, 1972.

DERRIDA, Jacques. *De la Grammatologie*. Paris: Éditions de Minuit, 1967. [Ed. bras.: *Gramatologia*. Trad. de Miriam Schnaiderman e Renato Janine Ribeiro. São Paulo: Perspectiva, 1973.]

_____. *L'Écriture et la différence*. Paris: Seuil, 1967. [Ed. bras.: *A escritura e a diferença*. Trad. de Maria Beatriz Marques Nizza da Silva, Pedro Leite Lopes e Pérola de Carvalho. São Paulo: Perspectiva, 2014.]

_____. "La Pharmacie de Platon". In: _____. *La Dissémination*. Paris: Seuil, 1972. [Ed. bras.: *A farmácia de Platão*. Trad. de Rogério da Costa. São Paulo: Iluminuras, 2005.]

_____. *Marges de la philosophie*. Paris: Éditions de Minuit, 1972. [Ed. bras.: *Margens da filosofia*. Trad. de Joaquim Torres Costa e António M. Magalhães. Campinas: Papirus, 1991.]

DEVOR, Holly. *Gender Blending: Confronting the Limits of Duality*. Bloomington: Indiana University Press, 1989.

DONZELOT, Jacques. *La Police des familles*. Paris: Éditions de Minuit, 1977. [Ed. bras.: *A polícia da família*. Trad. de Maria Thereza da Costa Albuquerque. Rio de Janeiro: Graal, 1980.]

FEINBERG, Leslie. *Transgender Warriors: Making History from Joan of Arc to Ru Paul*. Boston: Beacon, 1996.

FOUCAULT, Michel. *Histoire de la sexualité*, v. 1. *La Volonté de savoir*. Paris: Gallimard, 1976. [Ed. bras.: *História da sexualidade*, v. 1: *A vontade de saber*. Trad. de Maria Thereza da Costa Albuquerque e J. A. Guilhon Albuquerque. Rio de Janeiro: Graal, 1977.]

_____. *Histoire de la sexualité*, v. 2. *L'Usage des plaisirs*. Paris: Gallimard, 1976. [Ed. bras.: *História da sexualidade*, v. 2: *O uso dos prazeres*. Trad. de Maria Thereza da Costa Albuquerque. Rio de Janeiro: Graal, 1984.]

_____. *Histoire de la sexualité*, v. 3. *Le Souci de soi*. Paris: Gallimard, 1976. [Ed. bras.: *História da sexualidade*, v. 3: *O cuidado de si*. Trad. de Maria Thereza da Costa Albuquerque e J. A. Guilhon Albuquerque. Rio de Janeiro: Graal, 1985.]

_____. "Les Techniques de soi". In: _____. *Dits et écrits*, v. 4. Paris: Gallimard, 1994.

_____. "Le Gai savoir. Entretien avec Jean Le Bitoux". *Revue H*, Paris, n. 2, outono 1996.

GARBER, Marjorie. *Vested Interests: Cross-dressing and Cultural Anxiety*. Nova York: Routledge, 1992.

GRACE, Della. *Love Bites*. Londres: GMP Limited Publishers, 1991.
GUATTARI, Félix. "A Liberation of Desire. An Interview by George Stambolian". In: STAMBOLIAN, Georges; MARKS, Elaine (Orgs.). *Homosexualities and French Literature: Cultural Context/Critical Texts*. Ithaca: Cornell University Press, 1979.
HABLES GRAY, Chris; FIGUEROA-SARRIETA, Heidi, J.; MENTOR, Steven (Orgs.). *The Cyborg Handbook*. Nova York: Routledge, 1995.
HALBERSTAM, Judith. "F2M: The Making of Female Masculinity". In: DOAN, Laura (Org.). *The Lesbian Postmodern*. Nova York: Columbia University Press, 1994.
_____. *Female Masculinity*. Durham: Duke University Place, 1998.
HALPERIN, David. *Saint Foucault: Towards a Gay Hagiography*. Nova York: Oxford University Press, 1995.
HARAWAY, Donna. *Primate Visions: Gender, Race and Nature in the World of Modern Nature*. Nova York: Routledge, 1989.
_____. *Simians, Cyborgs and Women: The Reinvention of Nature*. Nova York: Routledge, 1991.
HEUZE, Stephanie. *Changer le Corps*. Paris: La Musardine, 2000.
HOCQUENGHEM, Guy. *Le Désir homosexuel*. Paris: Éditions Universitaires, 1972.
_____. *L'Après-Mai des Faunes*. Prefácio de Gilles Deleuze. Paris: Grasset, 1974.
KESSLER, Suzanne J. "The Medical Construction of Gender: Case Management of Intersexual Infants". In: HOPKINS, Patrick D. (Org.). *Sex/Machine: Readings in Culture, Gender, and Technology*. Indiana: Indiana University Press, 1998.
KESSLER, Suzanne, J.; MCKENNA, Wendy. *Gender: An Ethnomethodological Approach*. Chicago: Chicago University Press, 1978.
LACAN, Jacques. "La Signification du phallus". In: _____. *Écrits*. Paris: Seuil: 1966. [Ed. bras.: "A significação do falo". In: _____. *Escritos*. Trad. de Vera Ribeiro. Rio de Janeiro: Jorge Zahar, 1998.]
LIVINGSTON, Ira. "Indiscretions: of Body, Gender, Technology". In: TERRY, Jennifer; CALVERT, Melodie (Orgs.). *Gender and Technology in Everyday Life*. Nova York: Routledge, 1997.
LYOTARD, Jean-François. "Can Thought Go on without a Body?". In: _____. *The Inhuman*. Trad. [para o inglês] de Geoffrey Bennington e Rachel Bowlby. Stanford: Stanford University Press, 1991.

MAINES, Rachel P. *The Technology of Orgasm: Hysteria, the Vibrator and Woman's Sexual Satisfaction*. Baltimore: The John Hopkins University Press, 1999.

MCLUHAN, Marshall. *Understanding Media: The Extensions of Man*. Nova York: MacGraw-Hill, 1964. [Ed. bras.: *Os meios de comunicação como extensões do homem*. Trad. de Décio Pignatari. São Paulo: Cultrix, 1996.]

MONEY, John. "Psychological Counselling: Hermaphroditism". In: GARDNER, Lytt (Org.). *Endocrine and Genetic Diseases of Childhood and Adolescence*. Philadelphia: Saunders, 1975.

MONEY, John et al. "Micropenis, Family Mental Health and Neonatal Management: A Report of Fourteen Patients Reared as Girls". *Journal of Preventive Psychiatry*, n. 1, 1981.

NAMASTE, Ki. "Tragic Misreadings". In: BRETT, Beemyn; MICKEY, Eliason (Orgs.). *Queer Theory's Erasure of Transgender Subjectivity, Queer Studies*. Nova York: New York University Press, 1997.

NANCY, Jean-Luc. *Corpus*. Paris: Métailié, 2000.

NEWTON, Esther. *Female Impersonators in America*. Chicago: University of Chicago Press, 1972.

PANCHASI, Roxanne. "Reconstructions: Prosthetics and the Rehabilitation of the Male Body in the World War in France". *Differences: A Journal of Feminist Cultural Studies*, Indiana, n. 7, pp. 109-40, 1995.

PROSSER, Jay. *Second Skins: The Body Narratives of Transsexuality*. Nova York: Columbia University Press, 1998.

ROBERTS, Mary Louise. *Civilization without Sexes: Reconstructing Gender in Postwar France*. Chicago: University of Chicago Press, 1994.

ROSARIO, Vernon A. (Org.). *Science and Homosexualities*. Nova York: Routledge, 1997.

ROSEN, Michel A. *Sexual Art: Photographs that Test the Limits*. San Francisco: Shaynew Press, 1994.

RUBIN, Gayle. "Sexual Traffic". Entrevista a Judith Butler. In: WEED, Elisabeth; SCHOR, Naomi (Orgs.). *Feminism Meets Queer Theory*. Indiana: Indiana University Press, 1997.

RUSH, Benjamin. *Medical Inquires and Observations upon the Diseases of the Mind*. Philadelphia: [s.n.], 1812.

SCHÉRER, René. *Regards sur Deleuze*. Paris: Éditions Kimé, 1998.

SMYTH, Cheney. *Lesbians Talk Queer Notions*. Londres: Scarlet Press, 1992.

STAMBOLIAN, Georges; MARKS, Elaine (Orgs.). *Homosexualities and French Literature: Cultural Context/Critical Texts*. Ithaca: Cornell University Press, 1979.

STOLLER, Robert J. *Sex and Gender*. Nova York: Aronson, 1968.

TANNAHILL, Reay. *Sex in History*. Londres: Scarborough House, 1980.

TEYSSOT, Georges. "Body Building". *Lotus*, Veneza, n. 94, pp. 116-31, set. 1997.

_____. "The Mutant Body of Architecture". *Ottagono*, n. 96, pp. 8-35, 1990.

TISSOT, Samuel Auguste. *L'Onanisme, dissertation sur les maladies produites par la masturbation*. Lausanne: Grasset, 1764.

VANCE, Carole. *Pleasure and Danger: Exploring Female Sexuality*. Boston: Routledge & K. Paul, 1984.

VENTURI, Robert et al. *Learning from Las Vegas*. Cambridge: MIT Press, 1998. [Ed. bras.: *Aprendendo com Las Vegas*. Trad. de Pedro Maia Soares. São Paulo: Cosac Naify, 2003.]

WELLS BONES, Calvin. *Bodies and Disease: Evidence of Disease and Abnormality in Early Man*. Nova York: Praeger, 1964.

WIENER, Norbert. *The Human Use of Human Beings*. Nova York: Avon, 1954.

WITTIG, Monique. *The Straight Mind and Other Essays*. Boston: Beacon Press, 1992.

ZIMMERMAN, Jan (Org.). *The Technological Woman: Interfacing with Tomorrow*. Nova York: Praeger, 1983.

1ª EDIÇÃO [2022] 3 reimpressões

ESTA OBRA FOI COMPOSTA POR MARI TABOADA EM DANTE PRO
E IMPRESSA EM OFSETE PELA GRÁFICA PAYM SOBRE PAPEL PÓLEN
DA SUZANO S.A. PARA A EDITORA SCHWARCZ EM AGOSTO DE 2024

A marca FSC® é a garantia de que a madeira utilizada na fabricação do papel deste livro provém de florestas que foram gerenciadas de maneira ambientalmente correta, socialmente justa e economicamente viável, além de outras fontes de origem controlada.